Frieder Middelhauve

Word Perfect
von A . . Z

FRIEDER MIDDELHAUVE

WordPerfect
von A..Z

Das vollständige Nachschlagewerk
für das Textverarbeitungssystem
mit vielen Beispielen und Querverweisen
für Version 5

Springer Fachmedien Wiesbaden GmbH

Umschlaggestaltung: Graphik-Design Wittholz & Seewald, Tanusstein-Bleidenstadt

ISBN 978-3-528-04739-9   ISBN 978-3-663-13868-6 (eBook)
DOI 10.1007/978-3-663-13868-6

Inhaltsverzeichnis

VORWORT

Mit der neuesten Version WordPerfect 5.0 nutzen Sie das derzeit (Sommer 1989) modernste und, nicht nur meiner Meinung nach, leistungsfähigste Textprogramm, das zur Zeit auf dem Markt ist. Außer in der Bundesrepublik, in der WordPerfect zwar erfreuliche Zuwachsraten verzeichnet - sich aber gegen die Konkurrenzprodukte noch nicht hundertprozentig durchsetzen konnte -, ist dieses Textprogramm international marktführend. Wie kam es dazu?

Die Geschichte des Erfolges von WordPerfect und der Mannschaft, die das Programm entwickelte und später auf den Markt brachte, erinnert an ein modernes Märchen: Alles begann im Sommer 1977, als Alan C. Ashton, Professor für Informatik an der Brigham Young University, den Entwurf für ein Textverarbeitungsprogramm zu Papier brachte, das sich grundlegend vom Programm des damaligen Marktführers für Textsoftware, Wang, unterschied. Bereits die ersten Skizzen Ashtons schlossen so innovative Möglichkeiten wie einen formatierten Text ein, der später so, wie man ihn auf dem Bildschirm sah, auch ausgedruckt werden konnte.

Zur gleichen Zeit arbeitete Bruce W. Bastian, heute Vorstandsvorsitzender der WordPerfect Corporation, an einem Projekt für seine Diplomarbeit in Informatik. Um die Bewegungen einer marschierenden Kapelle in einem Stadion in dreidimensionaler Grafik zeigen zu können, koppelte er drei Computer zusammen. Die Realisierung seiner Arbeit, vor allem aber deren Programmierung, war so elegant, daß Professor Ashton auf den jungen Mann aufmerksam wurde. Damals begann eine fruchtbare Partnerschaft, die bis heute anhält. Anfang 1979 beschloß man, bei der Entwicklung eines neuartigen Textverarbeitungsprogramms zusammenzuarbeiten, und schrieb die erste Version von WordPerfect, die auf den Minicomputern von Data General lauffähig war. Computer waren damals für Privatpersonen noch unerschwinglich. Ashton und Bastian teilten sich Computerzeit mit der örtlichen Verwaltungsbehörde - ein Umstand, der sich auszahlte. Die beiden Wissenschaftler befanden sich in unmittelbarem Kontakt mit einem ihrer zukünftigen Kunden.

Im März 1980 wurde der Entschluß gefaßt, das gerade fertiggestellte Produkt auf den Markt zu bringen. Überflüssig zu betonen, daß die junge Firma zu diesem Zeitpunkt kaum über die Mittel verfügte, durch Anzeigenaktionen auf sich aufmerksam machen zu können. Doch die Flüsterpropaganda tat das ihre. Die enge Verbindung mit den ersten Klienten - als solche betrachteten die Gründer von WordPerfect ihre Kunden - bewirkte, daß Vorschläge und Anregungen aus Anwenderkreisen schnell in immer wieder verbesserte Versionen des Programms "eingebaut" wurden. Diesen engen Kontakt zum Kreis ihrer Kunden verlor die Firma auch während des stürmischen Wachstums der vergangenen sechs Jahre nicht. In den letzten Jahren gelang es dem Unternehmen, auf dem amerikanischen Markt die Führungsposition unter den Anbietern für Textsysteme zu übernehmen. Nach einer Untersuchung des Marktforschungsinstituts Computer Intelligence, die in der PC Week vom 12.6.1989 veröffentlicht wurde, betrug der Marktanteil von WordPerfect im Bereich Textverarbeitung im ersten Quartal 58 Prozent. Wenn man diese Zahl mit denen der engeren Konkurrenten vergleicht - IBM Displaywrite (13 Prozent), Microsoft Word (8 Prozent), Ashton Tate Mulitmate (8 Prozent) und WordStar (4 Prozent) - sieht man, daß sich die Verhältnisse in den USA grundlegend von denen in der Bundesrepublik unterscheiden.

In den USA dominiert WordPerfect mittlerweile auf dem Markt professioneller Textsoftware. Die Schreibsäle der Weltfirmen - für die bekanntlich das Beste gerade gut genug ist - hat WordPerfect längst erobert. In der Bundesrepublik wollte die WordPerfect Corporation diesen Siegeszug nun wiederholen. Doch erst die Gründung einer Tochtergesellschaft im Jahre 1987 schuf die Voraussetzungen, dieses ehrgeizige Vorhaben verwirklichen zu können. Für Kenner der Szene stellt sich nicht einmal die Frage, ob dem Unternehmen dies gelingen könnte, sondern es geht lediglich darum, wann es wohl so weit sein wird.

Das von Professor Alan C. Ashton und Bruce W. Bastian konzipierte und von einem hochtalentierten Mitarbeiterstab immer weiter verbesserte Programm hat in vielerlei Hinsicht Maßstäbe gesetzt - und tut es mit der Version 5.0 erneut.

EINLEITUNG

"WordPerfect 5.0 von A..Z" wendet sich an den Benutzer eines Textverarbeitungsprogramms, der bereits entweder mit einer früheren Version von WordPerfect oder einer anderen Textsoftware einige Erfahrung gesammelt hat.

Das Buch soll, wenn das Orignalhandbuch nicht verfügbar ist, einen schnellen Überblick über die wichtigsten Befehlsmöglichkeiten geben, die zur Nutzung von WordPerfect erforderlich sind. Aus diesem Grund wird auf die allgemeine Darstellung dessen, was ein Textverarbeitungsprogramm überhaupt kann, verzichtet. Gleichfalls wurden die Anmerkungen zur Installation des Programms auf das Notwendigste beschränkt.

Die Version 5.0 ist dermaßen umfangreich und speicheraufwendig, daß die Anschaffung eines Festplattenlaufwerks unumgänglich ist, wenn man komfortabel mit dem Programm arbeiten will. Die mittlerweile stark gesunkenen Preise für Harddisks (eine 20 MB-Festplatte wird gegenwärtig ab DM 400.- angeboten) sollten Anreiz genug sein, das "Diskjockey-Dasein" aufzugeben.

Ziel dieses Buches ist es nicht, das Handbuch von WordPerfect zu ersetzen. Das Buch "WordPerfect von A..Z" soll eine fundierte Nachschlagehilfe für jeden sein, der intensiv mit dem Textsystem umgehen muß und griffbereite, alphabetisch geordnete Information haben will.

INSTALLATION UND START VON WORDPERFECT

WordPerfect läuft auf dem IBM PC, XT, AT, Personal System/2 sowie auf kompatiblen Geräten. Das Betriebssystem sollte DOS 2.0 oder höher sein; es sollten mindestens 512 KB Speicherplatz zur Verfügung stehen, eine Floppydisk mit 3 1/2 oder 5 1/4 Zoll und eine Festplatte mit mehr als 10 MB. Die Grafikfunktion des Programms setzt eine Grafikkarte voraus.

Bevor Sie mit der Installation des Programms beginnen, müssen Sie die wichtigsten Fragen klären:

1. Welchen **Monitor** nutzen Sie?

   Monochrom
   CGA
   EGA
   VGA
   PC3270
   Keinen der aufgeführten

2. Welche **Grafikkarte**?

3. Name und Typenbezeichnung Ihres **Druckers**?

   Serieller oder
   Paralleler Druckeranschluß

4. **Papiereinzug**?

   Manuell
   Einzelblatt
   Endlos

5. Mit welchen **Papierformat**en wollen Sie arbeiten?

   DIN A4
   Andere

Das Arbeiten mit WordPerfect ist ohne Festplatte nicht zu empfehlen. Bevor Sie sich mit zwei Floppylaufwerken unnötig herumärgern, installieren Sie bitte eine Harddisk - oder lassen sie sich einbauen. Diese Harddisk muß formatiert werden und die erforderlichen DOS-Dateien besitzen. Die hierzu notwendigen Angaben finden Sie in einem DOS-Handbuch. Sollten sich an dieser Stelle Probleme ergeben, fragen Sie bitte einen Händler um Rat.

Es gibt natürlich mehrere Möglichkeiten, WordPerfect auf die Festplatte zu laden. Auf der WordPerfect-Diskette "Übungen" befindet sich ein automatisches **Programm zur Selbstinstallation**. Um dieses Programm aufzurufen, gehen Sie folgendermaßen vor:

1. Schalten Sie den Computer ein, laden Sie das Betriebssystem DOS.

2. Legen Sie die Diskette "Übungen" in Laufwerk A.

3. Geben Sie <a:> ein und <ENTER>. Standardlaufwerk ist jetzt A.

4. Schreiben Sie <install>, und bestätigen Sie den Befehl mit <ENTER>.

5. Folgen Sie den Schritten des Installationsprogramms.

Oder:

1. Kopieren Sie zunächst die Programmdisketten.

2. Legen Sie dann ein Verzeichnis WP an. Dazu geben Sie, nachdem der Computer eingeschaltet wurde (Bildschirm und Drucker nicht vergessen!) und der Prompt *C>* erscheint, <md\wp> ein und bestätigen den Befehl mit <ENTER>.

3. Jetzt geben Sie <cd\wp> ein und gelangen mit <ENTER> in das Verzeichnis WP.

4. Legen Sie die Diskette "WordPerfect 1" - oder, wenn Sie ein 3 1/2 Zoll Laufwerk benutzen - "WordPerfect 1/WordPerfect 2" in Laufwerk A.

5. Geben Sie <copy a:*.*> ein, und drücken Sie <ENTER>. Damit kopieren Sie die Dateien auf der Diskette in Laufwerk A in das eben angelegte Verzeichnis WP auf Ihrer Festplatte.

6. Wiederholen Sie die Schritte 4. und 5. für die übrigen Programmdisketten von WordPerfect.

Wenn Sie sämtliche Dateien auf die Festplatte kopiert haben, starten Sie das Programm und wählen anschließend einen **Drucker** aus.

1. Geben Sie <cd\wp> ein, und bestätigen Sie den Befehl mit <ENTER>.

2. Schreiben Sie <wp>, gefolgt von <ENTER>.

3. Wenn Sie WordPerfect zum erstenmal starten, fordert Sie das Programm zur Eingabe der Lizenznummer auf. Die Lizenznummer ist insgesamt 15 Zeichen lang und beginnt mit 'WP049'. Diese Nummer ist wichtig, wenn Sie die Unterstützung von WordPerfect in Anspruch nehmen wollen oder sich das nächste Update des Programms bestellen. Ansonsten läuft das System mit jeder beliebigen Zahlenkombination.

Sollten Sie noch kein Festplattenlaufwerk besitzen und mit **zwei Floppylaufwerken** arbeiten, können Sie WordPerfect folgendermaßen **starten**:

1. Wenn das Betriebssystem DOS geladen ist, legen Sie die Diskette "WordPerfect 1" in Laufwerk A.

2. Geben Sie <b:> ein, um das Standardlaufwerk zu wechseln.

3. Geben Sie <a:wp> ein, um WordPerfect zu starten.

4. Ersetzen Sie nun die WordPerfect Diskette 1 durch Nummer 2.

ABBILDUNG (GRAFIK)

WordPerfect bietet mit der Version 5.0 die Möglichkeit, Grafiken und Bilder in Ihren Text zu integrieren. Damit sprengt das Textprogramm den bisher engen Rahmen der reinen Textsoftware, so daß verstärkt gestalterische Gesichtspunkte beim Abfassen von Texten Berücksichtigung finden können. Ein Bild sagt bekanntlich mehr aus als tausend Worte - die Grafikeinbindung ist deshalb eine ganz bedeutende Neuerung.

Die allgemeine Vorgehensweise ist recht einfach: Sie erstellen mit Hilfe der Grafikfunktion einen Rahmen - in der Terminologie von WordPerfect eine 'Grafikbox' - auf dem Bildschirm und lassen Ihren Text um diese Box 'fließen'. Größe und Position der Box auf der Seite Ihres Textes können verändert werden; das Ergebnis hängt von Ihren Bedürfnissen und natürlich von Ihrem guten Geschmack ab. Sie können auch von der einfachen **Liniengrafik** Gebrauch machen, die es Ihnen erlaubt, horizontale und vertikale Linien zu ziehen.

HINWEIS: Ihr Computer sollte mit einer **Grafikkarte** ausgestattet sein. Wenn Sie nicht gerade einen Typenraddrucker benutzen, ist es sehr wahrscheinlich, daß Ihr Drucker die Grafikausgabe unterstützt.

Um eine **Grafikbox** zu **erstellen**, gehen Sie folgendermaßen vor:

- Wählen Sie das GRAFIK-Menü mit <ALT><F9>.

- Suchen Sie sich die für Ihre Zwecke passende Kategorie aus:

  1 Abbildung 2 Verzeichnis 3 Textbox
  4 Anwenderdef. Box 5 Linie.

Bei der Option **LINIE** haben Sie lediglich die Möglichkeit, vertikale und horizontale Linien zu ziehen und schraffierte Rechtecke zu erstellen (vgl. Bild 1).

```
Vertikallinie

    1 - Horizontale Position              Linker Rand

    2 - Vertikale Position                Seite

    3 - Linienlänge

    4 - Linienbreite                      0,03c

    5 - Schattierung (% von Schwarz)      100%




Auswahl: 0
```

Bild 1: Vertikallinie ziehen

Abbildungsboxen eignen sich für Grafiken, Charts und Diagramme.

Zahlentabellen und statistische Daten werden in **Verzeichnisboxen** erstellt;

Textboxen dienen der Erfassung von speziellen, hervorgehobenen Textteilen,

und mit der Funktion **ANWENDERDEF. BOX** können Sie Ihrer Phantasie freien Lauf lassen.

Jede Grafikbox kann, unabhängig von der jeweiligen Kategorie, Abbildungen und Texte aufnehmen. Natürlich kann eine Box auch leer bleiben. Die Kategorie soll lediglich zur späteren, besseren Übersicht angeben, um was für eine Art Box es sich handelt.

Jede Box wird **numeriert** und enthält alle Voreinstellungen, die für die Art von Box, für die Sie sich entschieden haben, sinnvoll erscheinen. 'Abbildungen' werden beispielsweise mit arabischen Ziffern, 'Verzeichnisse' mit römischen Ziffern durchnumeriert. Darüber hinaus besteht aber noch die Möglichkeit, den Numerierungsmodus mit Hilfe des Optionsmenüs zu verändern.

Mit der LISTENFUNKTION kann für jede Grafikbox-Kategorie eine Optionsliste zusammengestellt werden. Die Kategorie kann im Text durch einfaches Aufrufen der Grafikoption und Änderung im Menü gewechselt werden.

- Wählen Sie jetzt mit <1> ERSTELLEN. Sie sehen folgendes Menü auf Ihrem Bildschirm (vgl. Bild 2):

```
Definition: Abbildung

    1 - Dateiname

    2 - Titel

    3 - Bewegen                 Mit Text

    4 - Vertikale Position      0c

    5 - Horizontale Position    Rechts

    6 - Größe                   7,96c breit x 7,96c (hoch)

    7 - Box mit Text einrahmen  Ja

    8 - Bearbeiten




Auswahl: 0
```

Bild 2: Definition Abbildung

Wenn Sie Text in die Grafikbox laden wollen,

- müssen Sie jetzt den **Dateinamen** des entsprechenden WordPerfect-Textes eingeben.

Wollen Sie eine Grafik laden,

   - müssen Sie den Namen einer Datei eingeben, die in einer der von
     WordPerfect unterstützten Grafikprogramme erstellt wurde.

Nachdem der Dateiname eingegeben wurde, bestimmt WP das Dateiformat und
lädt die Datei in die Grafikbox. Wurde die Grafik nicht in einem von WP
unterstützten Programm erstellt, macht WordPerfect Sie darauf mit einer Fehlermeldung aufmerksam.

HINWEIS: Soll die Box leer bleiben, geben Sie einfach keinen Dateina-
                      men an. Entsprechend verfahren Sie, wenn Sie den Inhalt
                      einer Box, nicht jedoch die Box selbst löschen wollen: Wäh-
                      len Sie Dateiname, löschen Sie diesen und bestätigen Sie mit
                      <ENTER>.

ACHTUNG: Wenn Sie eine Grafik- oder Textdatei in eine Box laden,
                      wird der Inhalt dieser Box überschrieben. Wollen Sie meh-
                      rere Grafiken übereinanderlegen, dann erstellen Sie an der
                      gewünschten Stelle auf dem Papier mehrere Boxen, die Sie
                      mit den jeweiligen Abbildungen füllen. Allerdings dürfen Sie
                      die Frage "Box mit Text einrahmen" nur für eine der Boxen
                      mit Ja beantworten.

Mit der 2. Option des Auswahlmenüs **TITEL** erstellen Sie den **Grafiktitel**.
Hierbei ist zu beachten, daß WP den Titel nur so breit ausgibt, wie es der von
Ihnen definierten Breite der Grafikbox entspricht. Ist der Titel länger, wird ein
Teil des Textes in die nächste Zeile übernommen.

Mit **OPTIONEN** können Sie Grafiktitel oder Numerierungscode an anderer
Stelle positionieren.

   - Mit EXIT <F7> beenden Sie den Vorgang.

Mit **BEWEGEN** bestimmen Sie, wie sich Text und Grafik innerhalb der Box
zueinander verhalten (vgl. Bild 3):

```
Definition: Textbox

    1 - Dateiname

    2 - Titel                      Abbildung Bewegen

    3 - Bewegen                    Mit Text

    4 - Vertikale Position         0c

    5 - Horizontale Position       Mitte

    6 - Größe                      11,2c breit x 7,6c hoch

    7 - Box mit Text einrahmen     Nein

    8 - Bearbeiten




Bewegen: 1 Mit Text 2 Fixiert 3 Innerhalb Zeile: 0
```

Bild 3: Abbildung Bewegen

1. MIT TEXT verschiebt die Box mit dem eingerahmten Text nach oben oder unten.

2. FIXIERT fügt die Box an einer von Ihnen vorgegebenen Stelle auf dem Papier ein. Bei der Texteingabe verändert sich diese Position nicht.

3. INNERHALB ZEILE - die Grafikbox wird wie ein reguläres Zeichen in der Textzeile behandelt.

Wenn es Ihnen darauf ankommt, Grafik und Text zusammenzuhalten, wählen Sie <1>. Das entsprechende Steuerzeichen wird am Anfang des jeweiligen Absatzes, also nach dem letzten [FNS] oder [FNZ] (siehe hierzu STEUER-ZEICHEN), angezeigt. Paßt die Box nicht mehr auf die Seite, da der Absatz zu weit unten beginnt, schiebt WP die Box auf die nächstfolgende Seite.

Wenn Sie die Grafikbox an einer bestimmten Stelle fixieren wollen, dann wählen Sie <2>. Der entsprechende Code wird an der Cursorposition eingefügt.

HINWEIS: Der Code muß **unmittelbar** vor dem Text plaziert sein, der die Box umfließen soll. Ist das nicht der Fall, dann wird die Grafikbox an den nächsten Seitenanfang geschoben. Grundsätzlich muß der Cursor **vor** dem Erstellen der Grafikbox an die entsprechende Stelle gesteuert werden.

Wählen Sie die Option <3> INNERHALB ZEILE, dann wird die Box wie ein beliebiges Zeichen behandelt. Das heißt: Wenn die Zeile, in der sich die Grafikbox befindet, in die nächstuntere Zeile verschoben wird, dann bleibt die Grafikbox in der vorherigen Zeile, der Text springt aber unter die Box und setzt sich dort fort.

Sollten Sie die Grafikbox in **Fuß- oder Endnoten** übernehmen wollen, dann müssen Sie Option <2> wählen. Fixierte Boxen oder im Text freibewegliche Grafikboxen können nicht in Fuß- oder Endnoten integriert werden.

Sie können die Box auch **vertikal verschieben** - dabei ist - wenn Sie in der Option **BEWEGEN** sind, die vertikale Position der Abstand zwischen erster Textzeile, in der sich der Cursor befindet, und oberstem Rand der Box. Mit <0c> plazieren Sie die Box in der ersten Zeile, am Textanfang. Geben Sie einen anderen, beliebigen Wert ein, dann ändert sich der Abstand zwischen erster Zeile und dem Rand der Box entsprechend. Ist die Zeile, in der der Cursor steht, so weit unten auf der Seite positioniert, daß die Grafik nicht mehr auf diese Seite paßt, dann wird die Box nach oben verschoben. Ist die Grafik `fixiert`, dann können Sie die Grafikbox am oberen oder unteren Blattrand ausrichten, zentrieren - oder, wenn Sie **SEITE** wählen, die gesamte Seite mit der Grafik füllen; dabei bleiben die vorgegebenen Ränder erhalten.

Auch wenn Sie die Box **horizontal verschieben** wollen, richtet sich deren Position nach den drei Optionen des Grafikdefinitionsmenüs. Die Option **MIT TEXT** erlaubt es Ihnen, die Box am linken oder rechten Zeilenende oder zentriert auszurichten. Wenn Sie die ganze Fläche zwischen linkem oder rechtem Rand füllen wollen, ist auch das möglich - wobei Spalten, Einrückungen und weitere Boxen berücksichtigt werden. Haben Sie die Option **FIXIERT** gewählt, dann können Sie die Grafikbox zentrieren oder am rechten oder linken **Rand** ausrichten. Natürlich kann die Box auch den gesamten Raum zwischen linkem und rechtem Rand ausfüllen. Im **Spaltenmodus** kann die Box am linken oder rechten Spaltenrand oder in der Spaltenmitte ausgerichtet werden.

ACHTUNG: Wennn Sie mit mehreren Spalten arbeiten, sind diese mit einem Bindestrich zu verbinden.

Mit der Option **POSITION ANGEBEN** geben Sie einen Abstand vom linken Blattrand ein. Angaben zur horizontalen Position sind natürlich überflüssig, wenn Sie mit der Option **INNERHALB ZEILE** arbeiten.

Der Menüpunkt **GRÖSSE** umfaßt drei Punkte.

Wenn Sie <1> **BREITE (Automatische Höhe)** wählen, geben Sie einen Wert für die Breite ein und WordPerfect errechnet automatisch die entsprechende Höhe. Das Verhältnis Breite zu Höhe bleibt also konstant.

Entsprechendes gilt für <2> **HÖHE (Automatische Breite)** - auch hier errechnet WP aus der Vorgabe zur Höhe automatisch die entsprechende Breite.

Wenn Sie <3> **BREITE UND HÖHE** wählen, dann können Sie sowohl Höhe als auch Breite selbst bestimmen.

HINWEIS: Enthält die Box Text, dann können nur die Optionen <1> und <3> gewählt werden.

Wenn Sie bei der Option <7> **BOX MIT TEXT EINRAHMEN** <n> (Nein) wählen, wird die Grafikbox ignoriert und der Text über die gesamte Zeile geschrieben. Der Rahmen der Box ist auf dem Bildschirm nicht sichtbar. Sie können jedoch die Grafik über den Befehl **DRUCKBILD EINSEHEN** <SHIFT><F7>,<6> sichtbar machen.

ACHTUNG: WP verwaltet bis zu 20 Boxen pro Seite.

Mit der Option <8> **BEARBEITEN** kann der Inhalt der Grafikbox verändert
werden. Enthält die Box Text oder ist sie leer, dann kann der Text mit <8>
bearbeitet und verändert werden. Sie haben die Möglichkeit zwischen

    <1> **BEWEGEN,**

    <2> **SKALENFAKTOR,**

    <3> **ROTATION** und

    <4> **INVERTIEREN.**

Enthält die Box Text, dann kann dieser gedreht werden,

- indem Sie nach <8> **BEARBEITEN** <ALT><F9> eingeben und bestimmen, um wieviel Grad gedreht werden soll.

WP schlägt 0, 90, 180 und 270 Grad vor. Um die Grafik anschließend ausdrucken zu können, muß Ihr Drucker die so entstandenen Fonts in den diver-
sen Druckrichtungen unterstützen.

Wenn Sie <8> **BEARBEITEN** im Grafikdefinitionsmenü aufrufen, dann wird
der Inhalt der Grafikbox im Grafikmodus auf dem Bildschirm gezeigt.

ACHTUNG: Voraussetzung ist allerdings, daß die Grafikbox eine Abbildung enthält und Ihr Computer mit einer Grafikkarte aus-
gerüstet ist.

Es stehen vier Möglichkeiten zur Bearbeitung zur Verfügung:

Mit der Option **BEWEGEN** verschieben Sie die Abbildung horizontal und
vertikal in der Grafikbox, wobei der am rechten Bildschirmrand angezeigte
%-Betrag angibt, um wieviel Prozent die Abbildung verschoben wurde,
bzw. noch zu verschieben ist.

Durch Eingabe des **SKALENFAKTORs** kann die Abbildung innerhalb
der Box entlang der x- und y-Achse erweitert oder gestaucht werden.
<PgUp> erweitert die Abbildung in beide Richtungen, <PgDn> kompri-
miert die Abbildung in beiden Richtungen. Der Prozentwert am rechten

Bildschirmrand gibt dabei den Grad der prozentualen Veränderung an. Unter **ROTATION** kann man entweder einen Gradwert eingeben, oder die Abbildung mit den Tasten <+> (Bildschirm vor) und <-> (Bildschirm zurück) des numerischen Blocks im Uhrzeigersinn oder im Gegenuhrzeigersinn drehen. Der Rotationswert wird am unteren Bildschirmrand ausgegeben. Sie können auch ein Spiegelbild der Abbildung erzeugen: Wählen Sie <3> **ROTATION** und geben Sie mit <j> oder <n> an, ob ein Spiegelbild der Abbildung gewünscht wird. Diese Funktionen entfallen dann, wenn die Box Bitmap-Grafik enthält - dann nämlich erzeugt diese Option die Komplementärfarbe zu jedem Abbildungspunkt: **INVERTIEREN.**

Beachten Sie: Grafiken aus Zeichenprogrammen und CAD-Darstellungen werden als Liniengrafiken angesehen; Grafiken aus Scan- und Paint-Programmen hingegen als Bitmap-Grafiken.

Mit der %-Änderung wird schließlich festgelegt, wie stark mit den Cursortasten, den Tasten <PgUp> und <PgDn> sowie <+> und <-> auf die Abbildung Einfluß genommen wird. Sie schalten den gewünschten Prozentwert mit <INS> (deutsch: Einfügen) ein.

Sie können jederzeit eine **Grafikbox bearbeiten**. Gehen Sie folgendermaßen vor:

- Mit <ALT><F8> GRAFIK-Menü aufrufen.

- Wählen Sie den Grafiktyp, der bearbeitet werden soll.

- Mit <2> wechseln Sie zu BEARBEITEN.

- Geben Sie die Nummer der Grafik ein, die bearbeitet werden soll.

- Rufen Sie nun die gewünschte Option auf und führen Sie die Änderungen durch.

- Mit EXIT <F7> gelangen Sie wieder in Ihren normalen Text.

Um **Grafikboxen neu** zu **numerieren,** müssen Sie zunächst wissen, daß die Boxen der Reihenfolge nach und nach Kategorie getrennt numeriert werden. Um eine neue Nummer zu vergeben,

- bewegen Sie den Cursor an die Stelle, an der die neue Nummer eingefügt werden soll.

- Mit <ALT><F8> GRAFIK-Menü aufrufen.

- Grafikboxtyp wählen, den Sie neu numerieren wollen.

- NEUE NUMMER <3> wählen und entsprechende Zahl eingeben.

Um Einstellungen innerhalb verschiedener Grafikbox-Kategorien - die **Grafikoptionen** zu **ändern,**

- setzen Sie den Cursor an die Stelle, an der die Option geändert werden soll.

- Mit <ALT><F8> GRAFIK-Menü aufrufen.

- Grafikbox-Kategorie wählen, deren Vorgaben geändert werden sollen.

- Option <4> eingeben und entsprechend dem jetzt angezeigten Menü die Änderungen eingeben.

- Mit Exit <F7> gelangen Sie wieder in Ihren Text.

Mit dem **Optionsmenü** können Sie eine Reihe von Änderungen ab Cursorposition vornehmen (vgl. Bild 4).

Mit der **Randgestaltung** lassen sich die vier Ränder der Grafikbox individuell gestalten. Sie geben die Änderungen ein ober bestätigen mit <ENTER> die vom System gemachten Vorschläge.

Die Option **AbSTAND ZWISCHEN TEXT UND BOX** ermöglicht es Ihnen, den Abstand zwischen jeder Seite der Box und dem Text, der die Box einrahmt, zu bestimmen. Für jede Seite kann ein anderer Abstand eingegeben werden.

```
Optionen:   Abbildung

    1 - Randgestaltung
            Links                           Einfach
            Rechts                          Einfach
            Oben                            Einfach
            Unten                           Einfach
    2 - Abstand zwischen Text und Box
            Links                           0,42c
            Rechts                          0,42c
            Oben                            0,42c
            Unten                           0,42c
    3 - Abstand zw. Boxrahmen und -inhalt
            Links                           0c
            Rechts                          0c
            Oben                            0c
            Unten                           0c
    4 - Numerierart erste Stufe            Zahlen
    5 - Numerierart zweite Stufe           Aus
    6 - Numerierart Titel                  [FETT]Abb. 1[fett]
    7 - Position Titel                     Unter Box, Abstand Box/Text
    8 - Mindestabstand zum Absatz          0c
    9 - Schattierung (% von Schwarz)       0%

    Auswahl: 0
```

Bild 4: Optionsmenü

Mit **ABSTAND ZWISCHEN BOXRAHMEN UND -INHALT** bestimmen Sie den Abstand zwischen dem Rand der Box und dem Text bzw. der Abbildung innerhalb der Box.

In der **NUMERIERART ERSTE/ZWEITE STUFE** wählen Sie zunächst die Stufe und dann die Numerierart. Auf der ersten Numerierstufe werden Buchstaben oder römische Ziffern groß dargestellt; auf der zweiten Stufe in Kleinschrift.

Die **NUMERIERART TITEL** beeinflußt das Layout der Numerierung des Grafiktitels. Dabei werden Codes und Text eingefügt. Das Programm stellt diese Definitionen immer dann dar, wenn es auf den Code des entsprechenden Grafiktitels stößt. Geben Sie an dieser Stelle eine <1> ein, dann haben Sie damit eine Grafiknummer der ersten Stufe gewählt, bei <2> haben Sie die zweite Stufe gewählt. Text und Font-Attribute sind ebenfalls im Layout zugelassen.

Mit der **POSITION TITEL** wählen Sie, ob der Grafiktitel unterhalb, oberhalb, außerhalb oder innerhalb der Box stehen soll.

Der **MINDESTABSTAND ZUM ABSATZ** bewirkt, daß, wenn Sie die Grafikbox durch Vorgabe einer vertikalen Position in einem bestimmten Abstand vom Textabsatz plaziert haben, das Programm diesen Abstand so lange berücksichtigt, bis der Textabsatz ans Seitenende rückt und die Box infolgedessen nicht mehr auf die Seite paßt. In diesem Fall wird der Absatz verkleinert, so daß auf jeden Fall Box und Absatz zusammengehalten werden. Paßt die Box dennoch nicht mehr auf die Seite, wird sie auf die nächstfolgende verschoben oder - gegebenenfalls - in die nächste Spalte übernommen. Mit dem Mindestabstand legen Sie also fest, wie weit die Box in den Text geschoben werden kann. Wenn Sie beispielsweise <1c> eingeben, dann wird die Box bis zu einem Abstand von einem Zentimeter vom Absatzanfang geschoben.

HINWEIS: Wenn Sie auf jeden Fall Absatz und Box zusammenhalten wollen, wählen Sie einen möglichst großen Abstand.

Sie können die Grauschattierung für Grafikboxen mit **SCHATTIERUNG (% VON SCHWARZ)** festlegen. Je höher der prozentuale Wert, desto dunkler die Box. 100% entsprechen einem vollkommenen Schwarz.

Um eine einfache **Liniengrafik** zu erstellen, gehen Sie folgendermaßen vor:

- Gehen Sie mit <ALT><F9> ins Grafikmenü.

- Wählen Sie mit <5> LINIE und mit
  <1> HORIZONTALLINIE oder <2> VERTIKALLINIE.

- Geben Sie die notwendigen Informationen ein.

- Mit EXIT <F7> kommen Sie wieder in Ihren Text.

HINWEIS: Eine Linie kann nicht mehr bearbeitet werden, wenn sie definiert ist. Um eine neue oder andere Linie zu zeichnen, löschen Sie den Funktionscode: <ALT><F3>, mit dem Cursor auf das Steuerzeichen fahren und Löschtaste betätigen. Es ist nicht möglich, Grafiklinien mit Text einzurahmen.

Mit **HORIZONTALE POSITION** plazieren Sie die horizontale Linie entweder zwischen linkem und rechtem Rand, am linken oder rechten Rand, zentriert oder an einer beliebigen Stelle in der Zeile. Sie können auch eine vertikale Linie mit der Option **HORIZONTALE POSITION** links vom linken und rechts vom rechten Rand positionieren:

- Die Option <3> ZWISCHEN SPALTEN und eine Spaltennummer wählen, und die Vertikallinie dann zwischen dieser Spalte und der Spalte rechts von der Linie ziehen. Der horizontale Abstand von der linken Blattseite kann mit POSITION ANGEBEN <4> gewählt werden.

Die Option **VERTIKALE POSITION** taucht nur beim Zeichnen von Vertikallinien auf. Hiermit kann die Linie vom oberen Blattrand, vom unteren Blattrand, dazwischen zentriert und an jeder beliebigen vertikalen Position angelegt werden.

Die **Linienlänge** ist die Standardlänge vom Cursor bis zu dem in der Option **HORIZONTALE POSITION** gewählten Rand. WP berechnet die Linienlänge bei Vorgabe von LINKS-RECHTS automatisch.

Mit der **LINIENBREITE** wählen Sie einen beliebigen Wert und durch die Option **SCHATTIERT** wählen Sie den Schwärzegrad der Linie beim Ausdruck. 100% ist Schwarz.

ABRUFEN

Die Funktion **VERSCHIEBEN** ermöglicht es Ihnen, Sätze, Absätze, Seiten, Spalten oder einen als Block markierten Text zu verschieben, kopieren und zu löschen. Der markierte Text kann an einer anderen Textstelle oder auf dem zweiten Bildschirm, den Sie mit **UMSCHALTEN** <SHIFT><F3> erreichen, wieder abgerufen werden:

- <ENTER> oder <CRTL><F4>,<4>,<1>.

ABSATZNUMERIERUNG

Absätze und Übersichten können numeriert werden, entweder **automatisch** durch WordPerfect oder **manuell** von Ihnen. Die erste Gliederungsstufe wird vom linken Rand gebildet. Mit jedem Tab-Stop erreichen Sie die nächstuntere Stufe (vgl. Bild 5).

```
 I. Erste Stufe
II. Erste Stufe
     A. Zweite Stufe
     B. Zweite Stufe
          1. Dritte Stufe
          2. Dritte Stufe
               a. Vierte Stufe
               b. Vierte Stufe
                    (1) Fünfte Stufe
                    (2) Fünfte Stufe
                         (a) Sechste Stufe
                         (b) Sechste Stufe
                              i) Siebte Stufe
                              ii) Siebte Stufe
                                   a) Achte Stufe
                                   b) Achte Stufe




 1 Datum einfg. 2 Code 3 Format 4 Autom. Num. 5 Absatznr. 6 Def.: 0
```

Bild 5: Gliederungsstufen bei der
*   Absatznumerierung*

Sie können die Absatznumerierung mit <SHIFT><F5> aktivieren. Das Programm gibt in der Statuszeile die Meldung:

1 Datum **einfg. 2** Code **3** Format
4 Autom. Num. **5** Absatznr. **6** Def.: **0**

Mit <4> setzen Sie die **Automatische Numerierung** in Gang (siehe AUTO-
MATISCHE NUMERIERUNG).

Die **Manuelle Absatznumerierung** erreichen Sie mit der Eingabe <5>. Automatisch bedeutet im Gegensatz zur manuellen Absatznumerierung, daß die
Numerierstufe tabulatorabhängig ist, also entsprechend der Hierarchiestufe nach
rechts verschoben wird. Manuell bzw. permanent hingegen heißt, daß die Stufe
- unabhängig von Tabulatoren - solange beibehalten wird, bis Sie eine neue
vorgeben.

- Nach Eingabe von <5> fügen Sie mit <ENTER> eine **programmdefinierte Absatznummer** ein,

  und indem Sie eine Zahl zwischen 1 und 8 eingeben, wählen Sie **feste
  Absatznummern**.

- Wenn Sie eine weitere Absatznummer in Ihren Text einfügen möchten,
  müssen Sie diese Schritte jedesmal wiederholen.

Programmdefinierte Absatznummern
Eine programmdefinierte Absatznummer wird der Gliederungsstufe entsprechend aktualisiert,

- wenn Sie vor Eingabe der Nummer <→EINRÜCKEN←>oder <TAB>
  drücken,

- wenn Sie den Cursor unmittelbar links von einer bereits bestehenden
  Nummer positionieren,

- wenn Sie <→EINRÜCKEN←>oder <TAB> drücken und dann den
  Cursor unmittelbar rechts daneben stellen.

Feste Absatznummern
Eine feste Absatznummer behält stets ihre Gliederungsstufe bei,
selbst wenn links von ihr Tabs eingefügt werden. Feste Absatznummern benötigt man z.B., wenn alle Gliederungsstufen bündig untereinander stehen sollen.

Siehe: Automatische Numerierung.

ABSATZSCHUTZ

Der Absatzschutz soll Schusterjungen und Hurenkinder (erste Zeile eines Absatzes auf der vorhergehenden Seite - letzte Zeile eines Absatzes auf der folgenden Seite) vermeiden.

- Bringen Sie den Cursor auf den Punkt des Textes, von dem aus der Absatzschutz gelten soll.

- Drücken Sie **FORMAT** <SHIFT><F8> und <1>,<9> für ABSATZSCHUTZ.

- Geben Sie <J> ein, wenn Sie den Absatzschutz einschalten wollen, und <N>, wenn Sie ihn ausschalten wollen.

Der Absatzschutz ist innerhalb einer Datei beliebig oft anwendbar.

Standardmäßig ist der Absatzschutz ausgeschaltet. Der eingeschaltete Absatzschutz kann nur durch Löschen der Steuerzeichen <ALT><F3> aufgehoben werden.

Siehe: Blockschutz, Bedingtes Seitenende.

AKTUELLE DATEIGRÖßE

Drücken Sie <F5>,<ENTER>, und oben links im **Dateiverzeichnis** in der zweiten Zeile finden Sie die Angabe der aktuellen Dateigröße (vgl. Bild 6). Sie entspricht ungefähr der Anzahl der Zeichen.

```
12/07/89   18:28           Verzeichnis C:\LIBRARY\WP50\TEXT\WORDPERF\*.*
Textgröße:      93831       Frei: 13258752   Belegt:   1030357   Dateien:   262

. <AKTUELL>      <VER>                    .. <ÜBERGEO>     <VER>
01WPVORW.         6003  12/07/89 10:30    02WPEINL.         2032  12/07/89 10:30
03WPSTAR.         5979  12/07/89 10:31    AAA       .01    93634  12/07/89 15:44
AAA       .02    91843  12/07/89 16:03    AAA       .03   102814  12/07/89 16:23
ABBILDUN.        21977  12/07/89 11:19    ABRUFEN  .        1908  12/07/89 10:31
ABSATZNU.         3873  12/07/89 11:43    ABSATZSC.         2332  12/07/89 10:24
AKTUELLE.         1742  12/07/89 10:25    AKUSTISC.         2017  12/07/89 10:32
ANDEREFO.         3541  12/07/89 10:32    ANHÄNGEN.         2352  12/07/89 10:33
ANMERKUN.         4418  12/07/89 11:19    ANWENDER.         2034  12/07/89 11:20
ANZEIGEN.         2307  12/07/89 10:42    AUSGEBLE.         2047  12/07/89 11:20
AUSRICHT.         2657  12/07/89 10:44    AUTOMFOR.         2113  12/07/89 10:45
AUTOMNUM.         5076  12/07/89 10:40    BACKSPAC.         1859  12/07/89 11:20
BACKUP   .        4877  12/07/89 11:21    BEDINGTS.         3977  12/07/89 10:48
BEISPIEL.GRF      2998  10/07/89 15:46    BEREINIG.         2072  12/07/89 10:49
BILD-A00.PIX      2109  12/07/89 16:37    BILD-A01.PIX      2147  12/07/89 10:21
BILD-A02.PIX      2100  12/07/89 16:41    BILD-A03.PIX      2696  12/07/89 16:43
BILD-A05.PIX      2577  12/07/89 16:39    BILD-B01.PIX      2276  12/07/89 16:55
BILD-C01.PIX      2506  12/07/89 16:59    BILD-D01.PIX      2817  12/07/89 17:01
BILD-D02.PIX      2003  05/07/89 20:01  ▼ BILD-D03.PIX      2966  05/07/89 20:06

1 Laden 2 Löschen 3 Verschieben/Umbenennen 4 Drucken 5 Text ein
6 Anzeigen 7 Verz. wechseln 8 Kopieren 9 Wort suchen N Namen suchen: 6
```

Bild 6: Dateigröße oder Textgröße

AKUSTISCHES SIGNAL

Wenn Sie im Startmenü vorgeben wollen, daß bei bestimmten Bildschirmmeldungen ein akustisches Signal ausgegeben werden soll, dann

- rufen Sie mit <SHIFT><F1> das STARTMENÜ auf.

- Wählen Sie mit <5> die STANDARDVORGABEN (vgl. Bild 7),

- geben Sie <1> für AKUSTISCHES SIGNAL ein, und

- treffen Sie unter den drei angebotenen Möglichkeiten Ihre Auswahl.

- Sie schalten das Akustische Signal mit <J> ein und mit <N> aus.

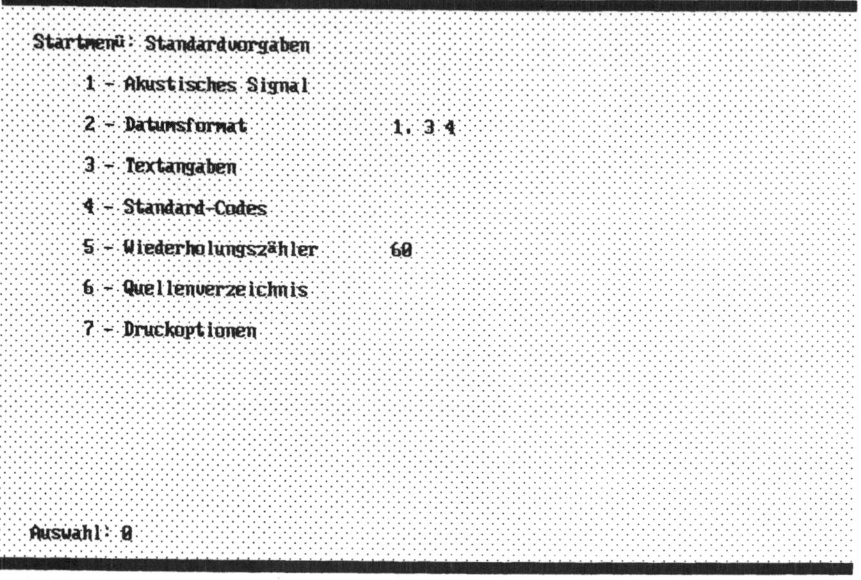

Bild 7: STARTMENÜ STANDARDVORGABEN

ANDERE FORMATE

Das Menü ANDERE FORMATE bietet Ihnen neben Zeilen-, Seiten- und Textformat noch weitere, ausgefallenere Formatierungsmöglichkeiten.

- Drücken Sie FORMAT <SHIFT><F8> und wählen ANDERE <4>, dann erscheint folgendes Bild auf Ihrem Monitor (vgl. Bild 8):

```
Andere Formate

   1 - Textposition

   2 - Bedingtes Seitenende

   3 - Dezimal-/Ausrichtzeichen            ,
       Zeichen nach Tausend                '

   4 - Sprache                             DE

   5 - Zeichenkombination

   6 - Druckerfunktionen

   7 - Unterstreichen - Leersch.           Ja
                        Tabs               Nein




   Auswahl: 0
```

Bild 8: Menü "Andere Formate"

Mit der Option **TEXTPOSITION** können Sie - unabhängig von der aktuellen Druckposition - Ihren Text an einer beliebigen Stelle auf dem Blatt positionieren.

BEDINGTES SEITENENDE hält eine bestimmte Anzahl von Zeilen am Ende einer Seite zusammen und verhindert so, daß durch einen Seitenumbruch Textzeilen auseinandergerissen werden.

Mit der Option **DEZIMAL-/AUSRICHTZEICHEN** können Sie das Dezimal- und Ausrichtzeichen nach Tausend definieren.

Wenn Sie mehrsprachige Texte bearbeiten, müssen Sie mit **SPRACHE** Word-Perfect mitteilen, welche Lexikon-, Thesaurus- und Trennungsdateien zuständig sind.

Um bestimmte fremdsprachige oder sonstige Sonderzeichen darzustellen, müssen mitunter mehrere Zeichen an derselben Position mit **ZEICHENKOMBI-NATION** übereinander gedruckt werden.

Die Option **DRUCKERFUNKTIONEN** erlaubt Ihnen, Ihren Drucker für besondere Erfordernisse zu programmieren, etwa Kerning, Wortabstand im Blocksatz, Wort-/Zeichenabstand.

Mit **UNTERSTREICHEN LEERSCHRITTE/TABS** können Sie bestimmen, ob Leerzeichen oder Tabs mitunterstrichen werden sollen.

Siehe: Ausrichten, Bedingtes Seitenende, Druckerfunktionen, Sprache, Textposition, Unterstreichen, Zeichenkombination.

ANHÄNGEN

Sie können einen als Block markierten Textteil an einen anderen Text bzw. an eine andere Datei anhängen.

- Markieren Sie den betreffenden Textteil mit <ALT><F4> als Block.

- Drücken Sie VERSCHIEBEN <CTRL><F4> und wählen BLOCK <1>.

- Geben Sie ANHÄNGEN <4> ein, dann den Namen der Datei, die ergänzt werden soll. Besteht noch keine Datei mit diesem Namen, wird automatisch eine kreiert. (vgl. Bild 9)

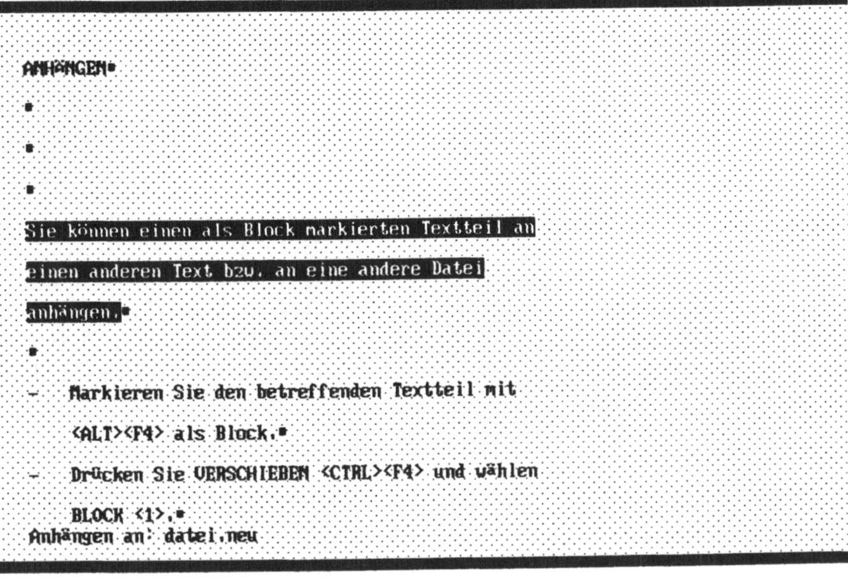

Bild 9: Anhängen eines Textblocks

Wenn Sie eine **ganze Seite**, einen **Satz** oder **Absatz** an einen anderen Text anhängen möchten, müssen diese nicht als Block definiert werden.

- Rufen Sie VERSCHIEBEN <CTRL><F4> auf und wählen <1> für SATZ, <2> für ABSATZ und <3> für SEITE.

Siehe: Verschieben.

ANMERKUNGEN

Mit **Textanmerkungen** steht Ihnen eine Funktion zur Verfügung, die Erklärungen, Notizen, Vorschläge, Hinweise und Erinnerungen in Ihren Text einfügt. Diese Anmerkungen können auf dem Bildschirm angezeigt werden oder auch nicht. Allerdings werden diese Anmerkungen nicht gedruckt, außer Sie wandeln sie in Text um. Normalerweise erscheint die Anmerkung als Box auf dem Monitor. Innerhalb der Box können Sie die verschiedenen Darstellungsweisen von WP benutzen, beispielsweise FETT und UNTERSTREICHEN. (vgl. Bild 10)

```
diese Anmerkungen nicht gedruckt, außer Sie wandeln

sie in Text um. Normalerweise erscheint die

Anmerkung als Box auf dem Monitor. Innerhalb der

Box können Sie die verschiedenen Darstellungsweisen

von WP benutzen, beispielsweise FETT und

UNTERSTREICHEN.*

   ┌──────────────────────────────────────────────────┐
   │ Dies ist eine Textanmerkung! Einzelne Wörter      │
   │ können fett geschrieben oder unterstrichen werden.│
   └──────────────────────────────────────────────────┘

*

Um eine Textanmerkung zu erstellen, gehen Sie

folgendermaßen vor:*

       Rufen Sie mit <CTRL><F5> TEXT EIN/AUS auf.*
C:\PB\WP-BUCH\WORDPERF.TXT                Txt 1  S 54  Z 23,48c  Pos 4,3c
```

Bild 10: Beispiel für eine Textanmerkung

Um eine **Textanmerkung** zu **erstellen**, gehen Sie folgendermaßen vor:

- Rufen Sie mit <CTRL><F5> **TEXT EIN/AUS** auf.

- Wählen Sie <5> ANMERKUNGEN.

- Geben Sie <1> für ERSTELLEN ein.

- Schreiben Sie Ihre Anmerkung, und

- verlassen Sie mit <F7> EXIT die Funktion, um in den Text zurückzukehren.

Diese Anmerkung können Sie über die Option **BILDSCHIRM** im START-
MENÜ <SHIFT><F1>,<3> und TEXTANMERKUNGEN ANZEIGEN <3>
regelmäßig auf dem Monitor ausgeben lassen.

Wenn Sie die **Textanmerkung bearbeiten** wollen,

- steuern Sie den Cursor hinter die Textanmerkung und

- rufen mit <CTRL><F5> **TEXT EIN/AUS** auf.

- Wählen Sie <5>,<2> für BEARBEITEN.

- Fügen Sie die Änderungen ein.

- Kehren Sie mit <F7> EXIT in den Text zurück.

Anmerkungen werden normalerweise nicht **ausgedruckt**. Allerdings kann es
vorkommen, daß Sie doch einen Ausdruck erstellen wollen. Um das zu erreichen,

- steuern Sie den Cursor hinter die entsprechende Anmerkung,

- rufen mit <CTRL><F5> **TEXT EIN/AUS** auf,

- wählen <5> Anmerkungen,

- und wandeln mit <3> um.

HINWEIS: WP sucht von der Cursorposition rückwärts nach der ersten
                      Anmerkung und wandelt diese in Text um; dabei spielt es
                      keine Rolle, ob die Anmerkung auf dem Monitor dargestellt
                      ist oder nicht.

Umgekehrt können Sie auch **Text in eine Anmerkung verwandeln**:

- Markieren Sie den Text, der verwandelt werden soll mit Cursor und
  BLOCKfunktion <ALT><F4>.

- Rufen Sie mit <CTRL><F5> **TEXT EIN/AUS** auf, und

- wandeln Sie den Text mit <j> in eine Anmerkung um.

ANWENDERDEFINIERTE BOX

Sie können eine Grafikbox nach Ihren individuellen Wünschen erstellen -
(siehe ABBILDUNG).

- Geben Sie <ALT><F9> ein, gefolgt von <4>, und folgen Sie dann den
  Schritten, die zur Erstellung der von Ihnen gewünschten Boxart notwendig sind (vgl. Bild 11).

```
Optionen:   Anwenderdef. Box

   1 - Randgestaltung
         Links                              Keine
         Rechts                             Keine
         Oben                               Keine
         Unten                              Keine
   2 - Abstand zwischen Text und Box
         Links                              0,42c
         Rechts                             0,42c
         Oben                               0,42c
         Unten                              0,42c
   3 - Abstand zw. Boxrahmen und -inhalt
         Links                              0c
         Rechts                             0c
         Oben                               0c
         Unten                              0c
   4 - Numerierart erste Stufe              Zahlen
   5 - Numerierart zweite Stufe             Aus
   6 - Numerierart Titel                    [FETT]1[fett]
   7 - Position Titel                       Unter Box, Abstand Box/Text
   8 - Mindestabstand zum Absatz            0c
   9 - Schattierung (% von Schwarz)         0%

Auswahl: 0
```

Bild 11: Optionen ANWENDERDEFINIERTE BOX

ANZEIGEN

Mit <F5>,<ENTER> erscheint auf dem Bildschirm eine Inhaltsübersicht des Diskettenlaufwerks bzw. des Verzeichnisses, von dem aus WordPerfect gestartet wurde.

- Wenn Sie nun mit dem Cursor einen Dateinamen ansteuern und dann <6> ANZEIGEN wählen,

erscheint der betreffende Text auf dem Bildschirm. Er ist nicht eigentlich geladen und kann deshalb auch nicht bearbeitet werden. Er läßt sich jedoch vorwärts und rückwärts durchblättern, und es können einzelne Begriffe mit der
Suchfunktion <F2> gesucht werden (vgl. Bild 12).

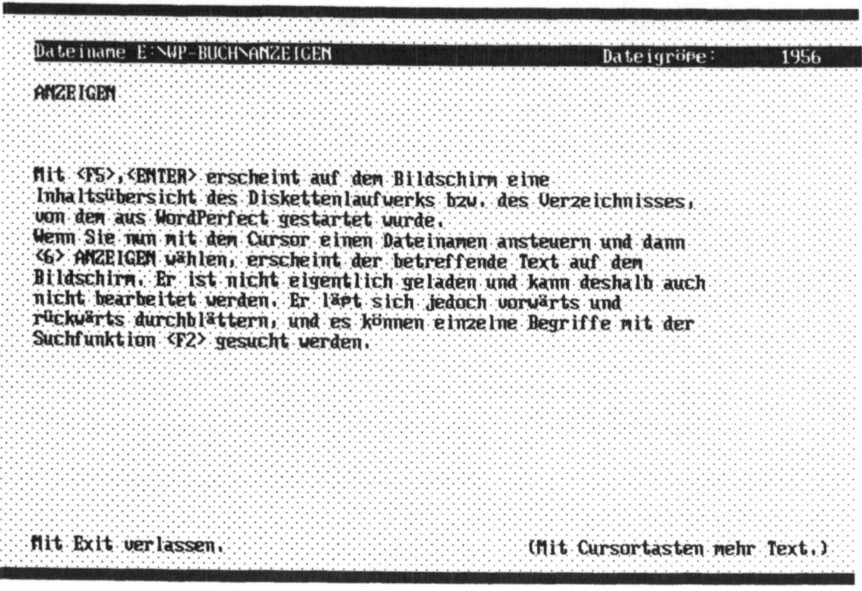

Bild 12: Anzeigenlassen einer Datei

AUSGEBLENDET (FONT)

Um eine Textpassage ausgeblendet auszudrucken,

- markieren Sie den entsprechenden Text mit der Blockfunktion <ALT>-
  <F4> und Cursorsteuerung

- und geben <CTRL><F8>,<2>,<5> ein.

HINWEIS: Diese Funktion wird beim Ausdruck nicht von allen Printern
                 unterstützt.

AUSRICHTEN

Mit <CTRL><F6> können Sie Text oder Ziffern an einem bestimmten Zeichen
ausrichten, etwa Geldbeträge so untereinander schreiben, daß das Dezimalkom-
ma immer an derselben Position steht (vgl. Bild 13).

Preisliste für Katzenfutter

```
Happy Cat,   1 kg:                         3,25 DM
Happy Cat,   5 kg:                        15,00 DM
Happy Cat,  10 kg:                        29,00 DM

Katelin,     1 kg:                         3,47 DM
Katelin,     5 kg:                        15,50 DM
Katelin,    10 kg:                        30,00 DM

Rund & Gesund,   1 kg:                      2,98 DM
Rund & Gesund,   5 kg:                     14,00 DM
Rund & Gesund,  10 kg:                     27,00 DM
```

Txt 1 S 1 Z 10,16c Pos 2,54c

Bild 13: Ausrichten von Text und Zahlen

Bei einer Preisliste sollen die Zahlen beispielsweise auf der Tabulatorposition
13,97c untereinander geschrieben werden. Als Ausrichtzeichen haben Sie das
Komma gewählt.

- Nun fahren Sie mit mehrmaligem Drücken von <CTRL><F6> an die
  entsprechende Stelle und geben die Beträge ein. Sie sehen, die Zahlen
  werden, am Ausrichtzeichen orientiert, untereinander geschrieben.

- Nach der ersten Zeile drücken Sie <ENTER> und wiederholen den
  Vorgang.

Ausrichtzeichen ist normalerweise das Komma, kann aber in ein anderes
Symbol geändert werden - etwa einen Punkt oder Doppelpunkt.

- Drücken Sie <SHIFT><F8>, und ändern Sie mit <4>,<3> das Ausrichtzeichen.

AUTOMATISCHE NUMERIERUNG

Sie können Ihren Text in bis zu acht Stufen untergliedern und mit Absatznummern versehen.

- Bringen Sie den Cursor an die Position, von der aus Sie numerieren wollen.

- Schalten Sie mit <SHIFT><F5>,<4> die automatische Numerierung ein. In der Statuszeile erscheint jetzt *Automatische Numerierung*.

- Mit <ENTER> fügen Sie die Absatznummer der ersten Gliederungsstufe (z.B. I) ein.

- Drücken Sie EINRÜCKEN <F4> oder <LEERTASTE>,<TAB> und schreiben Sie den ersten Absatz.

- Drücken Sie <ENTER> und Sie erreichen die nächste Nummer der ersten Gliederungsstufe (z.B. II).

ACHTUNG: Bei Verwendung von TAB kommen Sie in die nächste Stufe der Numerierung (also z.B. A.).

- Wenn alle Absätze numeriert sind, drücken Sie erneut <SHIFT><F5> und schalten mit <4> die Numerierung wieder aus.

Beispiel:

```
I. Erste Stufe
   A. Zweite Stufe
      1. Dritte Stufe
         a. Vierte Stufe
            (1) Fünfte Stufe
               (a) Sechste Stufe
                  i) Siebte Stufe
                     a) Achte Stufe
```

Sind Sie versehentlich mit <TAB> eine Stufe zu weit gerückt, gelangen Sie mit RANDLÖSER <SHIFT><TAB> auf die nächsthöhere Stufe zurück.

Sie können Absatznummern über STEUERZEICHEN <ALT><F3> mit dem Cursor **löschen**.

Werden einzelne Gliederungsstufen gelöscht oder hinzugefügt, wird die Gliederung automatisch aktualisiert.

Die automatische Absatznumerierung genügt auch gehobenen Ansprüchen, doch WordPerfect bietet Ihnen natürlich auch die Möglichkeit einer individuellen Gestaltung.

Wenn Ihnen die von WordPerfect voreingestellte **Numerierart** nicht gefällt, können Sie sie jederzeit ändern.

- Rufen Sie DATUM/AUTO.NUM. <SHIFT><F5> auf.

- Geben Sie <5> ein, um das Absatznumerierungsmenü aufzurufen (vgl. Bild 14).

- Wählen Sie eine der vier vordefinierten Numerierarten <1> bis <5> aus, oder geben Sie <6> ein, um eigene Definitionen erstellen zu können.

```
Absatznumerierung

    1 - Numerierungsbeginn ändern                1

                                                        Stufen

                                      1     2     3     4     5     6     7     8
    2 - Absatznumerierung            1.    a.    i.   (1)   (a)   (i)   1)    a)
    3 - Automatische Num.            I.    A.    1.    a.   (1)   (a)   i)    a)
    4 - DIN 5008 (1.1.1)             1    .1    .1    .1    .1    .1    .1    .1
    5 - Symbole                      *     o     -     ■     *     +           x
    6 - Anwenderdefiniert

    Aktuelle Definition             I.    A.    1.    a.   (1)   (a)   i)    a)

                              Numerierart

        1 - Ziffern                      2   - Ohne Zeichen
        A - Großbuchstaben               2.  - Punkt
        a - Kleinbuchstaben              2)  - Klammer
        I - Römische Ziffern - groß     (2)  - Eingeklammert
        i - Römische Ziffern - klein    .1   - Alle Stufen durch Punkt getrennt
        Andere Zeichen - Symbol              (z. B.  2.1.3.4)

Auswahl: 0
```

Bild 14: Absatznumerierungsmenü

Nach Eingabe von <6> springt der Cursor in die Zeile AKTUELLE DEFINI-
TION in der Bildschirmmitte. Nun können Sie aus den Vorgaben in der unteren Bildschirmmitte sich einige aussuchen und an Cursorposition eingeben,
jedesmal getrennt durch <ENTER>.

- Mit EXIT <F7> kehren Sie wieder in Ihren Text zurück.

Sollte Ihnen die Standardnumerierung, die WordPerfect anbietet, nicht gefallen,
probieren Sie am besten die Möglichkeiten aus, die das Menü Definition Absatznumerierung Ihnen bietet.

AUTOMATISCHES FORMATIEREN UND NEUAN-ZEIGEN

Der Bildschirm kann nach jeder Format-Änderung automatisch neu angezeigt werden. Die automatische Neuanzeige kann über das **STARTMENÜ** <SHIFT><F1>,<3>,<1> (AUTOM. FORMATIEREN UND NEUANZEIGE) voreingestellt werden (vgl. Bild 15). Steht diese Option auf 'Nein', wird der Text erst dann formatiert und in dem neuen Format auf dem Bildschirm angezeigt, wenn man ihn mit dem Cursor durchblättert.

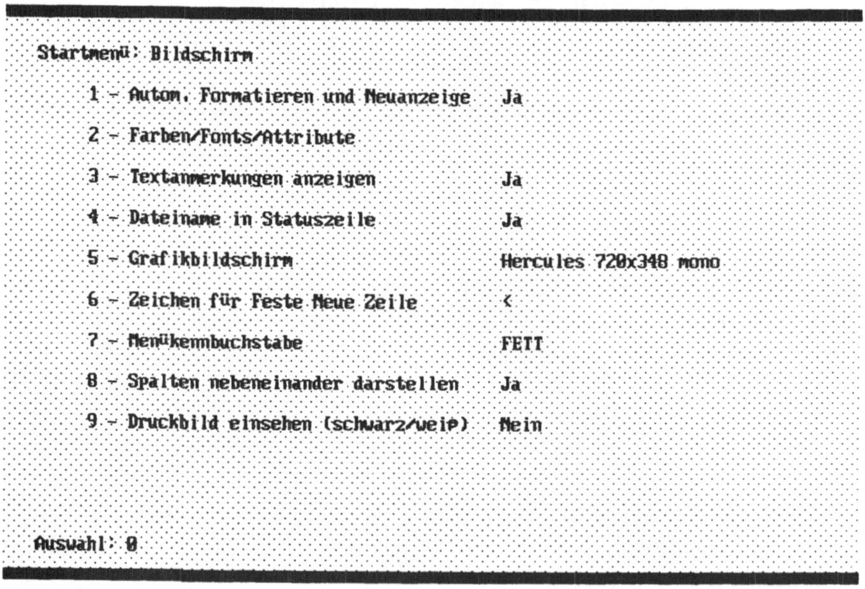

Bild 15: STARTMENÜ BILDSCHIRM

Eine weitere Möglichkeit besteht darin, den Text durch Drücken von <CTRL><F3>,<5> zu formatieren.

BACKSPACE

Mit der Taste <BACKSPACE> gehen Sie ein Zeichen nach links und löschen dieses Zeichen.

BACKUP

Bevor Sie anfangen, intensiv mit WordPerfect zu arbeiten, sollten Sie sich mit den Möglichkeiten zur Datensicherung (Backup) vertraut machen, die das Programm anbietet. WP bietet ein Backup in Invervallen an und ein Backup des Originals. Um die Backup-Optionen zu initialisieren, gehen Sie mit

- <SHIFT><F1> ins STARTMENÜ (vgl. Bild 16),

- wählen <1> BACKUP. Das Backupmenü erscheint auf dem Bildschirm (vgl. Bild 17).

- Geben Sie <1> ein, um BACKUP IN INTERVALLEN einzustellen, gefolgt von <j>. Wählen Sie die Zeitspanne in Minuten, nach denen regelmäßig die Daten gesichert werden sollen.

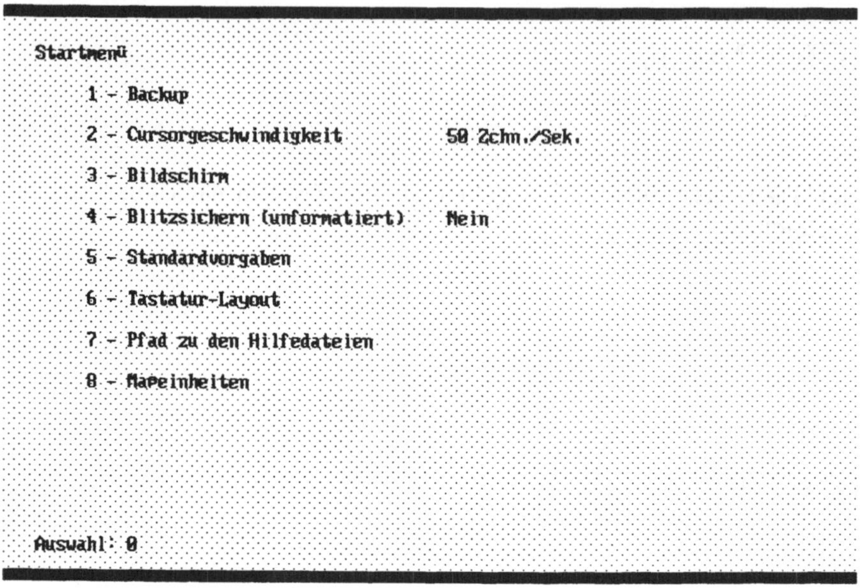

Bild 16: STARTMENÜ

Mit der Option **BACKUP IN INTERVALLEN** schützen Sie sich vor Datenverlusten bei Stromausfall, versehentliches Abschalten des Computers, wenn WordPerfect noch nicht ordnungsgemäß verlassen worden war und Gerätefehlern. Die Daten werden in der von Ihnen vorgegebenen Zeitspanne automatisch gesichert und in einer temporären Datei abgelegt.

```
Startmenü: Backup

    In Intervallen erstellte Backup-Dateien werden beim normalen
    Verlassen von WP gelöscht. Bei Strom- oder Geräteausfall wird die
    Backup-Datei im Backup-Verzeichnis abgelegt, das Sie im Startmenü
    (Pfad zu den Hilfedateien) vorgegeben haben.

    Backup-Verzeichnis

    1 - Backup in Intervallen                 Ja
        Minuten zwischen Backups              15


    Beim Backup des Originals wird der Originaltext mit der Erweiterung
    .BK! zusammen mit der neuen Version gespeichert, wenn Sie Sichern
    oder Exit drücken.

    2 - Backup des Originals                  Nein




    Auswahl: 0
```

Bild 17: BACKUP

Wenn Sie mit zwei unterschiedlichen Texten (Bildschirm 1 und Bildschirm 2) arbeiten, sichert WP jeweils den Text, an dem Sie gerade arbeiten. Nach der ersten Sicherung wird nur dann noch gesichert, wenn zwischenzeitlich Änderungen am Text vorgenommen wurden. Für die zwei Texte werden zwei Hilfsdateien eingerichtet, die Sie im Verzeichnis finden, aus dem Sie gestartet haben: WP{WP}.BK1 und WP{WP}.BK2. Die beiden Dateien werden auf der Festplatte gespeichert und verbleiben dort solange, bis WordPerfect über <F7> EXIT ordnungsgemäß verlassen wird - also auch bei Stromausfall oder Gerätefehler. Wenn so etwas passiert ist, gibt das Programm, wenn wieder damit gearbeitet wird, beim ersten Sicherungs-Backup die Meldung:

Alte Backup-Datei existiert. 1 Umbenennen 2 Löschen:.

- Wenn Sie <2> eingeben, werden beide Dateien auf der Festplatte gelöscht.

- Geben Sie <1> ein, dann müssen Sie den beiden Dateien neue Dateibe-
  zeichnungen zuweisen.

In manchen Fällen ist es von Vorteil, wenn neben den Änderungen automatisch die Ursprungsdatei gesichert wird. Mit der Funktion **BACKUP DES
ORIGINAL** wird der ursprüngliche Text in einer Datei mit der Bezeichnung
'dateiname.BK!' abgelegt. Diese Dateien bleiben auch erhalten, wenn Sie WP
ordnungsgemäß verlassen.

HINWEIS: - Dateien mit derselben Bezeichnung, aber unterschiedlicher
                        Erweiterung - beispielsweise 'TEXT.1' und 'TEXT.2' -
                        verfügen nur über eine einzige Backup-Datei, nämlich
                        'TEXT.BK!'. Die '*.BK!'-Datei wird im gleichen Ver-
                        zeichnis wie die Originaldatei gespeichert.

                      - Wenn Sie das Backup des Originals laden wollen, muß
                        diese Datei umbenannt werden.

BEDINGTES SEITENENDE

Wenn Sie schon einmal längere Texte eingegeben haben, werden Sie gemerkt
haben, daß Sie sich um den **Seitenumbruch** - das Umschalten auf eine neue
Seite - nicht zu kümmern brauchen. Der "dynamische Seitenumbruch" gehört
inzwischen zum Standardrepertoire von Textprogrammen. Nach Erreichen der
von WordPerfect oder von Ihnen individuell festgelegten Zeilenzahl pro Seite
bzw. des unteren Seitenrandes setzt das Programm Sie mit einer unterbroche-
nen Linie davon in Kenntnis, daß eine neue Seite erreicht ist. Wenn Sie sich
den versteckten Code für die neue Seite ansehen wollen,

- schalten Sie auf STEUERZEICHEN <ALT><F3> um, und Sie sehen [NS], den Code für den automatischen Seitenumbruch.

An sich ist der dynamische Seitenumbruch eine feine Sache - er kann Sie aber dann stören, wenn Sie mit Grafiken arbeiten, die dadurch auseinandergerissen werden, oder wenn er Textpassagen trennt, die unbedingt zusammengehören. Solange Sie den Text eingeben, können Sie darauf achten, daß Textteile, die zusammengehören, auch beieinander stehen. Wenn Sie allerdings später den Text korrigieren, Zeilen oder Absätze löschen, kann es passieren, daß Ihr sauber erstellter Text ein anderes Aussehen annimmt, als von Ihnen geplant.

Mit der Option <4>,<2> des FORMAT-Menüs kann vermieden werden, daß zusammengehörender Text auseinandergerissen wird (vgl. Bild 18).

```
Andere Formate

    1 - Textposition

    2 - Bedingtes Seitenende

    3 - Dezimal-/Ausrichtzeichen              ,
        Zeichen nach Tausend                  .

    4 - Sprache                               DE

    5 - Zeichenkombination

    6 - Druckerfunktionen

    7 - Unterstreichen - Leersch.             Ja
                         Tabs                 Nein




Zusammenzuhaltende Zeilen:
```

Bild 18: Zeilen zusammenhalten

Bei der Eingabe verlangt WordPerfect nur die Anzahl der Zeilen, die auf jeden Fall zusammengehalten werden sollen. Der Seitenumbruch erfolgt dann vor diesem Zeilenblock.

- Steuern Sie hierzu den Cursor zu der Zeile, die unmittelbar vor dem Text liegt, der zusammengehalten werden soll, und drücken Sie die Tastenkombination <SHIFT><F8>,<4>,<2>.

- Dann geben Sie die Anzahl der Zeilen ein, die nicht auseinandergerissen werden dürfen. Mit <ENTER> bestätigen.

- Durch zweimaliges Drücken von <ENTER> gelangen Sie wieder in Ihren Text zurück.

HINWEIS: Wenn Sie mit einem Zeilenabstand von 2 oder höher arbeiten, müssen Sie auch die Leerzeilen mitzählen. Beispielsweise können Sie zwei Zeilen, die Sie mit doppeltem Abstand geschrieben haben, nur durch Eingabe von <4> (vier Zeilen mit einfachem Abstand) zusammenhalten.

Das bedingte Seitenende kann nur durch Löschen der Steuerzeichen rückgängig gemacht werden.

BEREINIGEN

Wenn Sie Text mit **Korrekturkennungen** versehen oder einzelne Textpassagen durchgestrichen haben, können Sie diesen Text später bereinigen, d.h. alle Korrekturkennzeichen sowie den durchgestrichenen Text entfernen.

- Drücken Sie TEXT MARKIEREN <ALT><F5>,

- wählen Sie <6> ERSTELLEN

- und geben Sie <1> KORREKTURKENNUNG UND DURCHGESTRICHENEN TEXT LÖSCHEN ein (vgl. Bild 19).

- Bestätigen Sie Ihren Befehl mit <J>.

```
Text markieren: Erstellen

   1 - Korrekturkennung und durchgestrichenen Text löschen

   2 - Bildschirm m. Datei auf Disk./Festpl. vergl., Korrekturen kennzchn.

   3 - Hauptdokument erweitern

   4 - Hauptdokument komprimieren

   5 - Verzeichnisse, Indizes, Textverweis(e) usw. erstellen




   Korrekturkennung und durchgestrichenen Text löschen? (J/N) Nein
```

Bild 19: Korrekturkennung löschen

Siehe: Korrekturkennung.

BILDSCHIRM

Mit <CTRL><F3> verzweigen Sie ins Menü BILDSCHIRM. Hier können Sie zwischen drei Optionen wählen:

0 NEU ANZEIGEN
Der angezeigte Text wird bis zum Textende neu formatiert.

1 FENSTER
Sie können zwei Texte parallel bearbeiten, indem Sie den Bildschirm teilen.

2 LINIE ZIEHEN
Sie erreichen das Menü für die Liniengrafik.

BILDSCHIRM IM STARTMENÜ

WordPerfect bietet Ihnen verschiedene Optionen zum Aufbau Ihres ganz persönlichen Textbildschirms. Um dauerhafte Veränderungen der Grundeinstellung zu erreichen, wählen Sie

- mit <SHIFT><F1> das STARTMENÜ,

- geben <3> für BILDSCHIRM ein

- und wählen aus den einzelnen Menüoptionen die gewünschten Punkte aus (vgl. Bild 20).

- Mit <F7> EXIT kehren Sie dann ins STARTMENÜ und anschließend in Ihren Text zurück.

HINWEIS: Die im Startmenü getroffenen Änderungen bleiben dauerhaft erhalten.

AUTOM. FORMATIEREN UND NEUANZEIGE bietet Ihnen die Wahlmöglichkeit <ja> oder <nein>. Wenn <nein> aktiv ist, wird der Text beim Durchblättern mit dem Cursor formatiert und neu angezeigt. Mit <ja> wird der Text bereits beim Erstellen formatiert.

```
Startmenü: Bildschirm

   1 - Autom. Formatieren und Neuanzeige   Ja

   2 - Farben/Fonts/Attribute

   3 - Textanmerkungen anzeigen            Ja

   4 - Dateiname in Statuszeile            Ja

   5 - Grafikbildschirm                    Hercules 728x348 mono

   6 - Zeichen für Feste Neue Zeile        <

   7 - Menükennbuchstabe                   FETT

   8 - Spalten nebeneinander darstellen    Ja

   9 - Druckbild einsehen (schwarz/weiß)   Nein



 Auswahl: 0
```

Bild 20: STARTMENÜ BILDSCHIRM

FARBEN/FONTS/ATTRIBUTE legt fest, wie ein Zeichen mit Attributen auf dem Bildschirm abgebildet wird. Die Darstellung auf dem Bildschirm entspricht nicht notwendigerweise dem Druckbild.

TEXTANMERKUNGEN ANZEIGEN bringt Ihre normalerweise unsichtbaren Notizen, Anmerkungen usw. zusammen mit dem Text auf den Monitor (siehe **ANMERKUNGEN**), wenn Sie diese Option wählen und <ja> eingeben. Änderungen erfolgen mit <nein>.

Je nachdem, ob Sie den Dateinamen in der Statuszeile angezeigt haben möchten, wählen Sie die Funktion **DATEINAME IN STATUSZEILE** und entscheiden sich für <j> oder <n>.

Mittels **GRAFIKBILDSCHIRM** können Sie, wenn Sie zwei unterschiedliche Bildschirme betreiben, die jeweiligen Grafikkarten den entsprechenden Monitoren zuordnen. Normalerweise wählt WordPerfect automatisch Bildschirm, Grafikkarte und Grafiktreiber aus.

HINWEIS: Ist Ihr Bildschirm nicht aufgeführt, suchen Sie auf der Diskette "Fonts/Grafik" nach dem passenden Grafiktreiber und kopieren sich diesen ins Verzeichnis, in dem sich auch die Datei 'WP.EXE' befindet.

Zur besseren Übersicht auf dem Textbildschirm dient die Funktion **ZEICHEN FÜR FESTE NEUE ZEILE**. Mit dieser Option können Sie mit einem beliebigen Zeichen die Zeilenschaltung auf dem Bildschirm sichtbar machen. Das Zeichen wird nicht mit ausgedruckt.

Ihr Textprogramm verwendet mitunter **Menükennbuchstaben**. Mit der gleichnamigen Option können Sie festlegen, wie diese Kennbuchstaben dargestellt werden. Sie rufen **MENÜKENNBUCHSTABEN** auf und wählen das Ihnen zusagende Attribut. (siehe **FONT**)

WordPerfect kann Spalten nebeneinander darstellen. Mit der Funktion **SPALTEN NEBENEINANDER DARSTELLEN** gibt das Programm Ihnen jedoch eine Wahlmöglichkeit an die Hand, unterschiedliche Spalten auf verschiedenen Bildschirmen auszugeben. Beim Blättern und Bearbeiten spart diese Funktion Zeit. Wählen Sie mit <Nein> oder <Ja>.

HINWEIS: Die Spalten werden - egal wie sie dargestellt werden - beim Drucken nebeneinander angeordnet.

Wenn Sie die letzte Option **DRUCKBILD EINSEHEN (SCHWARZ/WEIß)** mit <Ja> wahrnehmen, dann wird das Druckbild auf dem Monitor schwarzweiß dargestellt. Diese Funktion ist nur bei Verwendung eines Farbmonitors von Bedeutung.

BILDSCHIRM LÖSCHEN

Mit der Funktion BILDSCHIRM LÖSCHEN <F7>,<N>,<N> löschen Sie Ihren Text und gleichzeitig alle versteckten Codes vom Bildschirm, der nun bereit ist für die Eingabe eines neuen Textes.

BILDSCHIRM-PITCH

Die Option BILDSCHIRM-PITCH ermöglicht es Ihnen, zu definieren, wieviel Platz ein Zeichen auf dem Monitor beanspruchen darf. Stellen Sie den Bildschirm-Pitch niedrig ein, vergrößert sich die Anzahl der in einer Zeile unterzubringenden Buchstaben und Zeichen.

Man stellt den Bildschirm-Pitch üblicherweise dann neu ein, wenn die absoluten Positionierungscodes (Tabulatoren, Einrückungen, Spaltenränder usw.) dazu führen, daß Text überlappt. Dazu gehen Sie folgendermaßen vor:

- Rufen Sie mit <SHIFT><F8> FORMAT auf (vgl. Bild 21).

- Wählen Sie <3> TEXT (vgl. Bild 22).

- Mit <1> gehen Sie zu BILDSCHIRM-PITCH und fügen die Änderungen ein.

Bild 21: Formate

- Dabei haben Sie die Möglichkeit, mit <j> die automatische Neueinstellung zu wählen oder mit einer beliebigen Zahl den gewünschten Bildschirm-Pitch einzustellen.

- Bildschirm-Pitch-Weite eingeben und

- mit <F7> EXIT wieder in den Text gehen.

HINWEIS: Der neu definierte Wert wird zusammen mit dem Text gespeichert.

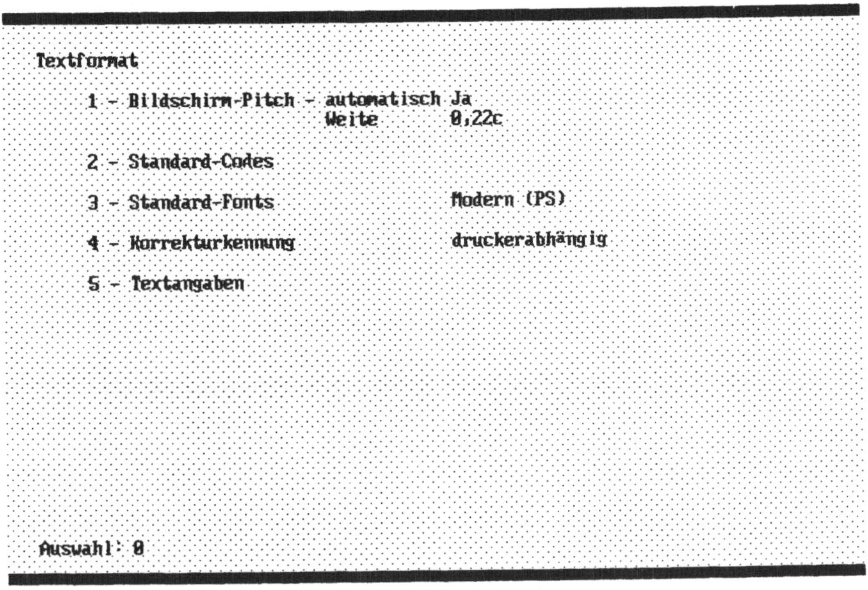

Bild 22: Textformat

BILDSCHIRM TEILEN (FENSTER)

WordPerfect erlaubt Ihnen, zwei Dateien auf dem Bildschirm parallel zu bearbeiten. Der Bildschirm wird dabei von einem Tab-Lineal horizontal geteilt. Jedes der beiden Fenster ist ein eigener kleiner Monitor mit Statuszeile (vgl. Bild 23).

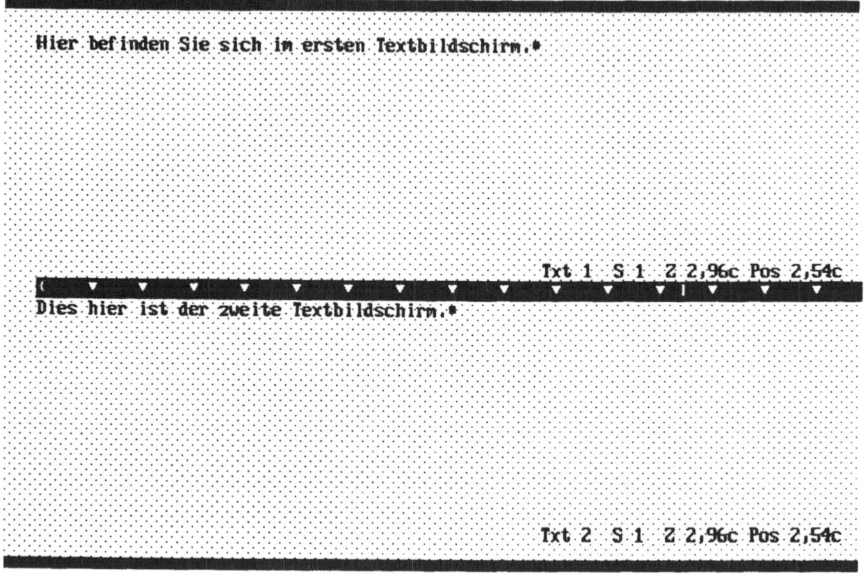

Bild 23: Bildschirm teilen

- Wenn Sie ein Fenster öffnen wollen, drücken Sie <CTRL><F3> und
  <1> für FENSTER.

- Geben Sie anschließend die gewünschte Zeilenzahl für die Größe des
  Fensters ein.

  Zweite Möglichkeit: Verschieben Sie das Tab-Lineal mit den Cursor-
  Tasten und bestätigen Sie die Position mit <ENTER>. Der Bildschirm
  wird an dieser Stelle geteilt.

- Mit UMSCHALTEN <SHIFT><F3> können Sie den Cursor von
  einem Fenster in das andere steuern.

- Fenster schließen:
  Steuern Sie den Cursor in das Fenster, das geöffnet bleiben soll,
  drücken Sie <CTRL><F3>,<1> und geben Sie Null <0> ein.

Zweite Möglichkeit: drücken Sie die Taste <↓>, bis das Tab-Lineal nicht mehr zu sehen ist. Bestätigen Sie mit <ENTER>.

Siehe: Tab-Lineal.

BLITZSICHERN

Wenn Sie mit einer langsamen Festplatte oder mit Diskette arbeiten, können Sie durch **Blitzsichern** Zeit sparen. Mit dieser Funktion wird der Text ohne Formatierung gespeichert.

HINWEIS: Ein derartig gespeicherter Text kann nicht über das Druck-
                  menü direkt von Festplatte oder Floppy gedruckt werden.

```
Startmenü

   1 - Backup

   2 - Cursorgeschwindigkeit        50 Zchn./Sek.

   3 - Bildschirm

   4 - Blitzsichern (unformatiert)  Ja

   5 - Standardvorgaben

   6 - Tastatur-Layout

   7 - Pfad zu den Hilfedateien

   8 - Maßeinheiten




   Auswahl: 4
```

Bild 24: Blitzsichern einschalten

Um diesen Text zu formatieren, rufen Sie die Datei aus dem Dateiverzeichnis mit <F5>,<1> auf, fahren mit dem Cursor ans Ende des Textes und speichern erneut ab.

Die Funktion **BLITZSICHERN** ist im Startmenü auf <Ja> gestellt (vgl. Bild 24). Um diese Funktion auszuschalten, rufen Sie mit

- <SHIFT><F1> das STARTMENÜ auf,

- wählen <4> BLITZSICHERN und

- geben <nein> ein.

- Anschließend verlassen Sie das Startmenü mit <F7> EXIT.

BLOCK

Mit der Blockfunktion werden Teile eines Textes markiert, die Sie in irgendeiner Weise bearbeiten wollen, z.B. unterstreichen, kopieren, löschen. Dabei wird der Text zunächst hell unterlegt, und anschließend der gewünschte Bearbeitungsvorgang durchgeführt. Bei hell unterlegtem Text erscheinen die Buchstaben dunkel auf hellem Grund - es kann aber je nach Monitor auch umgekehrt der Fall sein. Dabei können einzelne Zeichen genauso markiert werden wie Wörter, Sätze, Abschnitte, ja vollständige Dateien. (vgl. Bild 25)

Block markieren

Um einen Block zu markieren,

- steuern Sie zunächst den Cursor an die Stelle, wo der Block anfangen soll. Dann drücken Sie die Tastenkombination BLOCK <ALT><F4>.

Anstelle der Dateibezeichnung in der Statuszeile blinken dort jetzt die Worte

Block an

- Nun bewegen Sie den Cursor nach rechts bis dorthin, wo der Block enden soll, und wählen die Funktion, mit der Sie den Textblock bearbeiten wollen.

Bild 25: Text als Block markieren

Folgende Funktionen lassen sich in Kombination mit der Blockfunktion aufrufen:

BLOCKSCHUTZ
DRUCK
ERSETZEN
FETT
FONT
LEXIKON

LÖSCHEN
MACRO
RECHTSBÜNDIG
SHELL
SICHERN
SORTIEREN
STYLE /
SUCHEN
TEXT: Markieren, Durchstreichen, Index, Inhaltsverz., Korrekturkennung,
     Liste, Quellenverz.
TEXT EIN/AUS
UNTERSTREICHEN
VERSCHIEBEN: Anhängen, Kopieren, Rechteck kopieren und
          verschieben, Spalte kopieren und verschieben.
ZENTRIEREN.

BLOCK ANHÄNGEN

Mit dieser Funktion können Sie Text oder Teile Ihres Textes an eine andere
Datei dranhängen, z.B. eine bestehende Adressendatei um weitere Adressen,
die in Ihrem aktuellen Text vorkommen, ergänzen. Dieser Text wird dabei
lediglich kopiert, bleibt also in ihrem aktuellen Text erhalten. (vgl. Bild 26)

Steuern Sie den Cursor an den Anfang des betreffenden Textstücks.

- Schalten Sie mit <ALT><F4> die Blockfunktion ein und markieren Sie
  den Text als Block, indem Sie den Cursor ans Blockende bringen.

- Drücken Sie VERSCHIEBEN <CTRL><F4>,<3>.

- Geben Sie den Namen der Datei ein, an die der Block angehängt werden soll. Bestätigen Sie mit <ENTER>.

- Schalten Sie die Blockfunktion wieder aus.

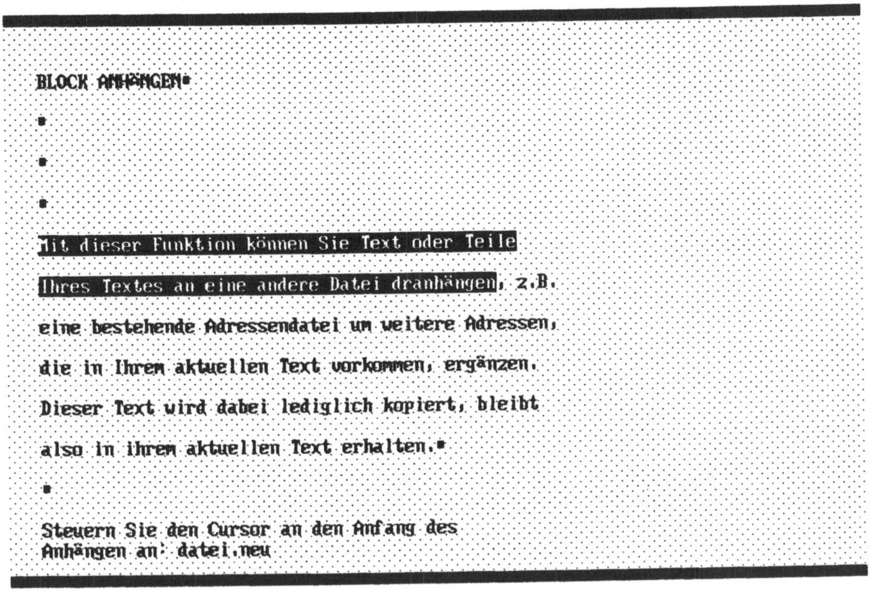

Bild 26: Block anhängen

BLOCK DRUCKEN

Es kann vorkommen, daß Sie in einem langen Manuskript gerne sehen möchten, wie sich ein bestimmter Teil des Textes macht, wenn er zu Papier gebracht ist. WordPerfect bietet die Option, einen Block zu drucken. Dazu verfahren Sie folgendermaßen:

- Sie markieren den Textteil mit der BLOCKFUNKTION und drücken dann die Taste DRUCK <SHIFT><F7>. WordPerfect fragt Sie in diesem Fall

  Block drucken? (J/N) Nein

- Sie geben, wenn Sie einen Ausdruck des Textes wünschen, <J> ein.

Wenn der Drucker angeschlossen und Papier eingelegt ist, wird der markierte Text ausgedruckt.

BLOCK SCHÜTZEN

Um einen Text vor dem Auseinanderreißen (Schusterjungen, Hurenkinder) zu bewahren,

- zeichnen Sie die betreffende Passage mit der Funktion BLOCK <ALT><F4> und Cursorsteuerung aus und drücken dann <SHIFT><F8>.

- Bestätigen Sie die Frage *Blockschutz? (J/N) Nein* mit <J>.

Siehe: Absatzschutz.

BLOCK VERSCHIEBEN/KOPIEREN

Beim Schreiben kommt es vor, daß Sie zwar gute Einfälle haben, diese jedoch in ungeordneter Reihenfolge zu Papier - oder auf den Monitor - bringen. In der guten alten Schreibmaschinenzeit gab es dann nur zwei Möglichkeiten. Sie haben den Text entweder mit Korrekturstift in Reih' und Glied gebracht, oder Sie haben mit der Schere versucht, die Ordnung herzustellen, die Sie in Gedanken nicht gehabt haben. Mit einem Textverarbeitungsprogramm sparen Sie gerade bei einer Umstellung von Texten erheblich Zeit.

WordPerfect bietet Ihnen verschiedene Möglichkeiten, einen Text, der verschoben oder dupliziert werden soll, zu kennzeichnen.

- Fahren Sie zunächst mit dem Cursor an den Textanfang und drücken Sie die Funktion BLOCK <ALT><F4>.

  Sie haben inzwischen noch einmal die Anmerkungen über die **Cursorsteuerung** überflogen und erinnern sich daran, daß Sie mit dem Cursor auch zeilenweise springen können. Sie gelangen ans Ende einer Zeile mit <CTRL>,<END>, an den Anfang einer neuen Seite mit <PgDn> und ans Ende des Textes mit <HOME>,<HOME>,<↓>.

- Nachdem Sie den Block markiert haben, drücken Sie die Tastenkombination für VERSCHIEBEN <CTRL><F4>. In der Statuszeile erscheinen jetzt mehrere Optionen:

  Verschieben: 1 Block 2 Tabspalte 3 Rechteck: 0

- Wählen Sie <1> für BLOCK, und Sie können wieder zwischen mehreren Optionen wählen:

  1 Verschieben 2 Kopieren 3 Löschen
  4 Anhängen: 0

VERSCHIEBEN bedeutet, daß der Textteil an dieser Stelle gelöscht wird und an anderer Stelle, wohin er verschoben werden soll, erscheint.

KOPIEREN bedeutet, daß der Textteil dupliziert wird, an dieser Stelle stehenbleibt und zusätzlich an anderer Stelle im Text erscheint.

- Geben Sie jetzt <1> für VERSCHIEBEN ein, und der markierte Textteil verschwindet.

- Anschließend steuern Sie den Cursor an die Stelle, wo der Text wieder erscheinen soll und drücken <ENTER>.

Wollen Sie einen Teil des Textes **duplizieren**, verfahren Sie entsprechend. Sie wählen in diesem Fall statt der Option VERSCHIEBEN einfach nur KOPIEREN.

BLOCKSATZ EIN/AUS

Mit der Funktion BLOCKSATZ werden in einem Text die Wörter so ausgerichtet, daß sie links- und rechtsbündig ausgedruckt werden. Standardvorgabe ist 'BLOCKSATZ JA'. Blocksatz wird von WordPerfect nicht auf dem Bildschirm dargestellt.

- Bringen Sie den Cursor auf die Stelle, von der ab Blocksatz ein- oder ausgeschaltet werden soll.

- Drücken Sie DRUCKFORMAT <SHIFT><F8> und geben Sie <1> ein, um das Zeilenformatmenü aufzurufen.

- Wählen Sie Blocksatz <3>.

- Mit <N> Blocksatz ausschalten oder mit <J> einschalten (vgl. Bild 27).

```
Zeilenformat

    1 - Silbentrennung        Aus

    2 - Randzone - Links      18%
                   Rechts     4%

    3 - Blocksatz             Ja

    4 - Zeilenhöhe            Autom.

    5 - Zeilenzahl            Nein

    6 - Zeilenabstand         2

    7 - Ränder - Links        2,54c
                  Rechts      2,54c

    8 - Tabulatoren           0c, alle 1,27c

    9 - Absatzschutz          Nein


Auswahl: 3
```

Bild 27: Blocksatz ein/ausschalten

CARTRIDGES UND FONTS

Viele Drucker sind durch auswechselbare Typenräder, Fontkassetten oder besonders zu ladende Font-Dateien in der Lage, Texte in unterschiedlichen Schriften auszugeben. Mit Hilfe von **CARTRIDGES UND FONTS** können Sie die Cartridges und Fonts markieren, mit denen Sie arbeiten wollen.

- Gehen Sie mit <SHIFT><F7> ins Druckmenü (vgl. Bild 28).

Bild 28: DRUCK-Menü

- Wählen Sie mit <D> die Liste derjenigen Drucker aus, die Sie selektiert haben (vgl. Bild 29).

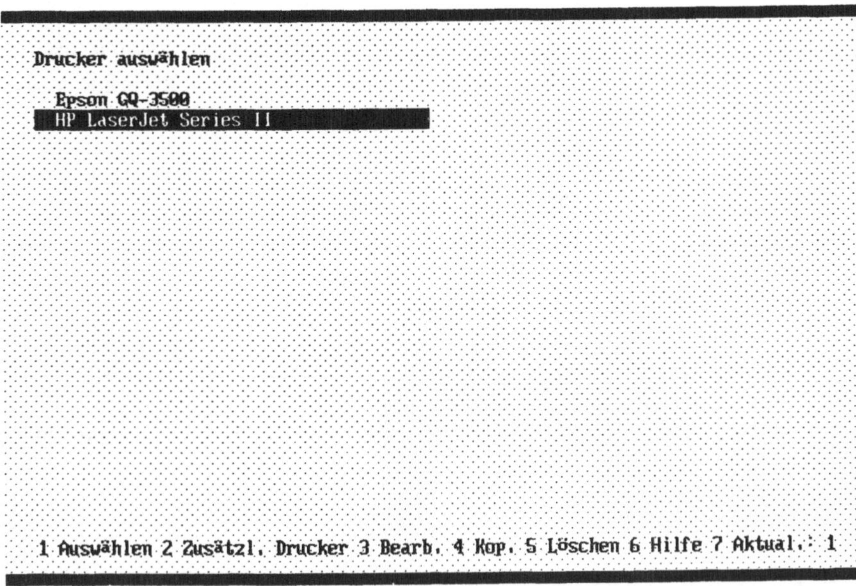

Bild 29: Drucker wählen

- Steuern Sie den Cursor auf einen Drucker.

- Wählen Sie mit <3> BEARBEITEN.

- Geben Sie <5> für CARTRIDGES UND FONTS ein. WordPerfect listet die verfügbaren Cartridges und Fonts auf.

- Steuern Sie den Cursor auf CARTRIDGE FONTS oder SOFT FONTS und aktivieren Sie die Option mit <1>. Alle zur Verfügung stehenden Cartridges und von WP unterstützte Fonts werden aufgelistet.

- Steuern Sie den Cursor auf das gewünschte Cartridge oder den gewünschten Softfont und markieren Sie mit Sternchen <*> oder Pluszeichen <+> oder beidem. '*' bedeutet 'bei Beginn des Druckjobs vorhanden', '+' bezeichnet 'Aktivieren/Deaktivieren während des Druckjobs'.

- Geben Sie zweimal <F7> ein, und Sie finden sich im Text wieder.

Die markierten Fonts der Cartridges und der Font-Dateien werden im Grund-Font aufgezeichnet und können während und nach der Texteingabe aktiviert werden, um die einzelnen Schriften zu wechseln.

Wenn Sie wissen wollen, mit welchen Typenrädern, Cartridges und Fonts Ihr Drucker arbeiten kann, gehen Sie mit

- <SHIFT><F7> ins DRUCK-Menü.

- Wählen Sie <D> **DRUCKER AUSWÄHLEN**, und geben Sie danach

- <3> für **BEARBEITEN** ein. Sie kommen ins Bearbeitungsmenü (vgl. Bild 30).

Bild 30: Drucker auswählen: Bearbeiten

- Geben Sie <5> für **CARTRIDGES UND FONTS** ein, und Word-
  Perfect wird Ihnen in den allermeisten Fällen zeigen können, welche
  Schriften bei Ihrem Drucker möglich sind (vgl. Bild 31).

HINWEIS: **Anzahl** beziffert die Zahl der Einschübe für Font-Speicher-
                  karten des Druckers oder die einsetzbaren Typenräder.

Weiterhin finden Sie Angaben über den Speicherbedarf der Font-Datei-
en.

```
Drucker auswählen: Cartridges und Fonts

Font-Kategorie                   Quelle                          Anzahl

Cartridge Fonts                  Font Cartridge Slot                  2
Soft Fonts                       Memory                           350 K




















1 Fonts wählen 2 Anzahl ändern N Namen suchen: 1
```

Bild 31: Cartridges und Fonts wählen

- Nachdem Sie Ihre Schriftwahl getroffen haben, können Sie die **Fonts
  und Cartridges markieren.** Das Programm bietet an:
  BEI BEGINN DES DRUCKJOBS VORHANDEN <*> und
  AKTIVIEREN/DEAKTIVIEREN WÄHREND DRUCKJOB <+>.

Wenn die Cartridges und Softfonts bei Beginn des Ausdrucks im Einschub oder im Druckerspeicher vorhanden sind, markieren Sie sie mit Sternchen <*>. Die entsprechend gekennzeichneten Fonts können dann im Druckermenü <SHIFT><F7> mit DRUCKER INITIALISIEREN <7> geladen werden.

Falls WordPerfect jedoch während des Druckvorgangs den Font aktivieren bzw. deaktivieren soll oder Sie auf den notwendigen Wechsel von Cartridge oder Typenrad aufmerksam machen soll, wählen Sie AKTIVIEREN/DEAKTIVIEREN WÄHREND DRUCKJOB <+>. Einige Drucker lassen beide Markierungen gleichzeitig zu.

ACHTUNG: Im Druckerbearbeitungsmenü muß das Verzeichnis der aktivierbaren Down-Load-Schriften festgelegt werden.

CURSORGESCHWINDIGKEIT ÄNDERN

Normalerweise bewegt sich der Cursor, wenn man die Pfeiltasten gedrückt hält, um 10 Zeichen pro Sekunde, d.h., der **Wiederholwert**, auch anderer Tasten, liegt bei 10 Zeichen pro Sekunde. Dieser Wiederholwert kann verringert oder erhöht werden.

- Rufen Sie das STARTMENÜ mit <SHIFT><F1> auf (vgl. Bild 32).

- Wählen Sie CURSORGESCHWINDIGKEIT <2>.

- Geben Sie die gewünschte Wiederholgeschwindigkeit in Zeichen pro Sekunde an.

- Mit EXIT <F7> verlassen Sie das Startmenü. Die eingegebene Geschwindigkeit wird gespeichert, bis sie erneut geändert wird.

```
Startmenü

    1 - Backup

    2 - Cursorgeschwindigkeit           Normal

    3 - Bildschirm

    4 - Blitzsichern (unformatiert)      Nein

    5 - Standardvorgaben

    6 - Tastatur-Layout

    7 - Pfad zu den Hilfedateien

    8 - Maßeinheiten




    Zeichen/Sekunde: 1 15 2 20 3 30 4 40 5 50 6 Normal: 0
```

Bild 32: Cursorgeschwindigkeit

CURSOR-LAYOUT ÄNDERN

In der Standardvorgabe erscheint der Cursor als kleiner blinkender Strich unter dem Zeichen. Sie können diese Darstellungsweise ändern, indem Sie

- zu DOS wechseln, indem Sie SHELL <CTRL><F1>,<1> drücken

- und dann <CURSOR> eingeben.

Es erscheint folgender Bildschirm (vgl. Bild 33)

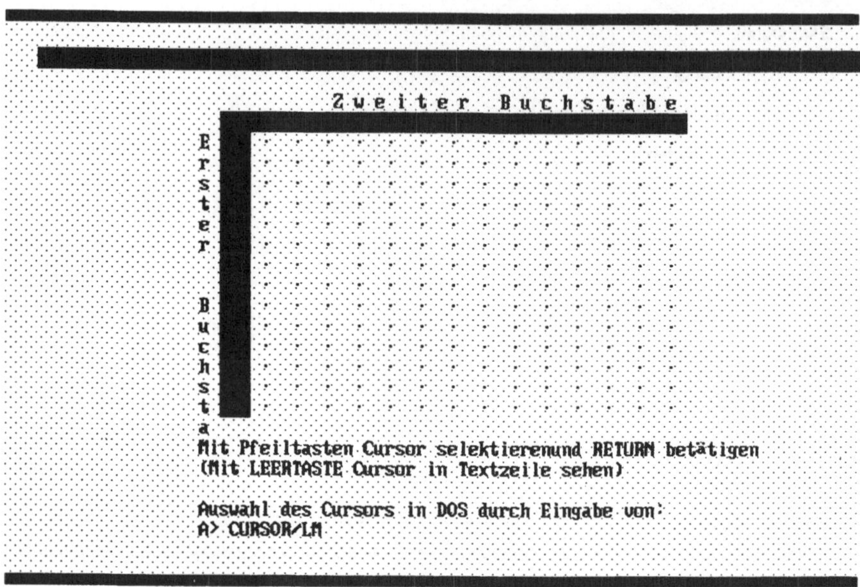

Bild 33: Cursordefinition

Wenn Sie den Cursor mit den Pfeiltasten bewegen, werden Sie merken, daß er
bei jeder Position anders dargestellt wird. Die Standardvorgabe als kleiner,
blinkender Strich liegt auf Position LM, auf Position IH wird der Cursor z.B.
als Rechteck dargestellt. Bei Betätigen der Leertaste können Sie jedesmal sehen, wie der Cursor innerhalb von Text wirkt. Bei Eingabe von <ENTER>
und <EXIT> wird das ausgewählte Cursor-Layout gespeichert, und Sie kehren
wieder in Ihren Text zurück.

CURSORSTEUERUNG

In der Standardvorgabe des Programms erscheint der Cursor als kleiner, blinkender Strich auf dem Bildschirm. Der Cursor zeigt Ihnen, an welcher Stelle in Ihrem Text Sie sich gerade befinden und wo Sie Buchstaben einfügen und löschen können. Mit dem Cursor können Sie sich problemlos und schnell durch Ihren Text bewegen und jeden beliebigen Punkt aufsuchen. Auf der PC- und der AT-Tastatur sind die Steuertasten innerhalb des numerischen Feldes der Tastatur angeordnet. Wenn Sie auf eine der mit Pfeil gekennzeichneten Tasten drücken und es erscheint eine Zahl, befinden Sie sich im Rechenmodus. Kein Problem - drücken Sie einfach <NUM>, und der Cursor bewegt sich. Die hier angegebene Beschriftung bezieht sich auf die AT-Tastatur.

Der Cursor wird mit den Pfeiltasten bewegt:

<↑>   bewegt den Cursor eine Zeile nach oben.

<↓>   bewegt den Cursor eine Zeile nach unten.

<→>   bewegt den Cursor ein Zeichen nach rechts.

<←>   bewegt den Cursor ein Zeichen nach links.

Eine solch eingeschränkte Beweglichkeit des Cursors wäre immer dann hinderlich, wenn Stellen in längeren Manuskripten und Texten gesucht werden sollten. Aus diesem Grund wurde in WordPerfect die Cursorsteuerung erweitert.

Um eine **bestimmte Seite anzusteuern**, drücken Sie:

<CTRL><HOME>,<n>,<ENTER>   bewegt den Cursor an den Seitenanfang der n-ten Seite.

Um sich **im Text vorwärtszubewegen**, drücken Sie:

<HOME>,<HOME>,<↓>   bewegt den Cursor ans Textende.

<PgDn>   bewegt den Cursor an den nächsten Seitenanfang.

<HOME>,<↓> oder <+>   bewegt den Cursor zum unteren Bildschirmrand; wenn er sich bereits in der untersten Zeile befindet, werden die nächsten vierundzwanzig Zeilen übersprungen.

<ESC>,<n>,<PgDn>   bewegt den Cursor n Seiten weiter.

<ESC>,<n>,<↓>   bewegt den Cursor n Zeilen nach unten.

<CTRL><HOME>,<↓>   bewegt den Cursor ans Ende der Seite.

Um **im Text rückwärtszugehen**, drücken Sie:

<HOME><HOME>,<↑>   bewegt den Cursor an den Textanfang.

<PgUp>   bewegt den Cursor an den Beginn der vorhergehenden Seite.

<HOME>,<↑> oder <->   bewegt den Cursor an den oberen Rand des Bildschirms.

<ESC>,<n>,<PgUp>   bewegt den Cursor um n Seiten zurück.

<ESC>,<n>,<↑>   bewegt den Cursor um n Zeilen nach oben.

Um **im Text nach rechts zu gehen**, drücken Sie bitte:

<END>   bewegt den Cursor zum Zeilenende.

<HOME>,<→>   bewegt den Cursor an den rechten Rand des Bildschirms.

<ESC>,<n>,<→>   bewegt den Cursor um n Zeichen nach rechts.

<CTRL><HOME>,<→>   bewegt in einem mehrspaltigen Text den Cursor in die folgende Spalte.

<CTRL>,<HOME>,<HOME>,<→>   bewegt den Cursor zur letzten Spalte.

Um **im Text nach links zu gehen**, drücken Sie:

<HOME>,<←>   bewegt den Cursor an den linken Rand des Bildschirms.

<ESC>,<n>,<←>   bewegt den Cursor um n Zeichen nach links.

<CTRL>,<HOME>,<←>   bewegt in einem mehrspaltigen Text den Cursor zur nächsten linken Spalte.

<CTRL>,<HOME>,<HOME>,<←>   bewegt den Cursor zur ersten Spalte.

DATEI DRUCKEN

Eine Datei können Sie auf zwei verschiedene Arten drucken lassen:

- aus dem Dateiverzeichnis mit <F5>,<ENTER>,<4>

- oder mit DRUCK <SHIFT><F7>,<1>.

Während des Druckvorgangs können Sie mit WordPerfect weiterarbeiten, d.h. auch den Text verlassen, der gerade gedruckt wird, und stattdessen einen anderen bearbeiten.

Wenn Sie mehrere Dateien aus dem Dateiverzeichnis ausdrucken wollen,

- dann fahren Sie die betreffenden Dateien mit dem Cursor an und drücken <*>.

Das Sternchen hat die Funktion eines Schalters. Durch erneutes Drücken schalten Sie das Sternchen wieder aus. Die so gekennzeichneten Dateien werden in der vorgegebenen Reihenfolge gedruckt,

- wenn Sie jetzt <4> eingeben (vgl. Bild 34).

Während des Druckvorgangs können Sie WordPerfect nicht verlassen, ohne den Ausdruck zu unterbrechen. Wollen Sie dennoch ein anderes Programm nutzen, dann warnt das Programm Sie mit der Frage:

Alle Druckjobs löschen (J/N) N

Mit <J> können Sie den Druck unterbrechen und die Reihe der noch nicht gedruckten Dateien (Druckerwarteschlange) löschen.

Bild 34: Ausdrucken markierter Dateien

DATEI KOPIEREN

Mit <F5>,<ENTER> gelangen Sie ins DATEIVERZEICHNIS,

- geben Sie <8> ein und beantworten Sie die Frage nach dem Laufwerk
  bzw. Verzeichnis, wo die Datei (unter dem gleichen Namen) hinkopiert
  werden soll (vgl. Bild 35).

```
13/07/89   08:28            Verzeichnis C:\LIBRARY\WP50\TEXT\WORDPERF\*.*
Textgröße:      96681      Frei: 12740608   Belegt:   1151997     Dateien:    275

.  <AKTUELL>      <VER>                   ..  <ÜBERGEO>    <VER>
01WPVORW.          6883   12/07/89 10:30  | 02WPEINL.        2832   12/07/89 10:30
03WPSTAR.          5979   12/07/89 10:31  | AAA      .01    94754   12/07/89 20:23
AAA      .02      91843   12/07/89 16:03  | AAA      .03   102814   12/07/89 16:23
AAB      .01      93634   12/07/89 15:44  | ABBILDUN.       21977   12/07/89 11:19
ABRUFEN  .         1908   12/07/89 10:31  | ABSATZNU.        3873   12/07/89 11:43
ABSATZSC.          2332   12/07/89 10:24  | AKTUELLE.        1742   12/07/89 10:25
AKUSTISC.          2017   12/07/89 10:32  | ANDEREFO.        3541   12/07/89 10:32
ANHÄNGEN.          2352   12/07/89 10:33  | ANMERKUN.        4418   12/07/89 11:19
ANWENDER.          2034   12/07/89 11:20  | ANZEIGEN.        2307   12/07/89 10:42
AUSGEBLE.          2047   12/07/89 11:20  | AUSRICHT.        2657   12/07/89 10:44
AUTOMFOR.          2113   12/07/89 10:45  | AUTOMNUM.        5076   12/07/89 10:48
BACKSPAC.          1859   12/07/89 11:20  | BACKUP   .       4877   12/07/89 11:21
BEDINGTS.          3977   12/07/89 10:48  | BEISPIEL.GRF     2998   10/07/89 15:46
BEREINIG.          2072   12/07/89 10:49  | BILD-A00.PIX     2109   12/07/89 18:52
BILD-A01.PIX       2147   12/07/89 21:14  | BILD-A02.PIX     2180   12/07/89 19:09
BILD-A03.PIX       2696   12/07/89 19:17  | BILD-A05.PIX     2577   12/07/89 19:04
BILD-B01.PIX       2276   13/07/89 07:24  | BILD-C01.PIX     2506   13/07/89 08:10
BILD-D01.PIX       2817   13/07/89 08:19  ▼ BILD-D02.PIX     2803   05/07/89 20:01


Kopieren nach: A:
```

Bild 35: Dateien aus dem Dateiverzeichnis kopieren

DATEI LÖSCHEN AUS DATEIVERZEICHNIS

Mit <F5>,<ENTER> gelangen Sie ins DATEIVERZEICHNIS.

- Drücken Sie <2> und bestätigen Sie den Befehl mit <J> (vgl. Bild 36).

```
 13/07/89   08:31            Verzeichnis C:\LIBRARY\WP50\TEXT\WORDPERF\*.*
 Textgröße:      96871       Frei: 12736512   Belegt:  1154845      Dateien:   276

 . <AKTUELL>     <VER>                 .. <ÜBERGEO>    <VER>
 01WPVORW.        6083  12/07/89 10:30     02WPEINL.       2832  12/07/89 10:30
 03WPSTAR.        5979  12/07/89 10:31     AAA      .01   94754  12/07/89 20:23
 AAA      .02    91043  12/07/89 16:03     AAA      .03  102814  12/07/89 16:23
 AAB      .01    93634  12/07/89 15:44     ABBILDUN.      21977  12/07/89 11:19
 ABRUFEN  .       1908  12/07/89 10:31     ABSATZNU.       3873  12/07/89 11:43
 ABSATZSC.        2332  12/07/89 10:24     AKTUELLE.       1742  12/07/89 10:25
 AKUSTISC.        2017  12/07/89 10:32     ANDEREFO.       3541  12/07/89 10:32
 ANHÄNGEN.        2352  12/07/89 10:33     ANMERKUN.       4418  12/07/89 11:19
 ANWENDER.        2034  12/07/89 11:20     ANZEIGEN.       2307  12/07/89 10:42
 AUSGEBLE.        2047  12/07/89 11:20     AUSRICHT.       2657  12/07/89 10:44
 AUTOMFOR.        2113  12/07/89 10:45     AUTOMNUM.       5076  12/07/89 10:48
 BACKSPAC.        1859  12/07/89 11:20     BACKUP   .      4877  12/07/89 11:21
 BEDINGTS.        3977  12/07/89 10:48     BEISPIEL.GRF    2998  10/07/89 15:46
 BEREINIG.        2072  12/07/89 10:49     BILD-A00.PIX    2109  12/07/89 18:52
 BILD-A01.PIX     2147  12/07/89 21:14     BILD-A02.PIX    2180  12/07/89 19:09
 BILD-A03.PIX     2696  12/07/89 19:17     BILD-A05.PIX    2577  12/07/89 19:04
 BILD-B01.PIX     2276  13/07/89 07:24     BILD-C01.PIX    2506  13/07/89 08:10
 BILD-D01.PIX     2817  13/07/89 08:19  ▼  BILD-D02.PIX    2883  05/07/89 20:01

 Löschen C:\LIBRARY\WP50\TEXT\WORDPERF\AKUSTISC? (J/N) Nein
```

Bild 36: Datei aus Dateiverzeichnis löschen

DATEI UMBENENNEN

Gehen Sie mit <F5>,<ENTER> ins DATEIVERZEICHNIS.

- Drücken Sie <3> und geben Sie der Datei einen neuen Namen (vgl.
  Bild 37).

- Bestätigen Sie mit <ENTER>.

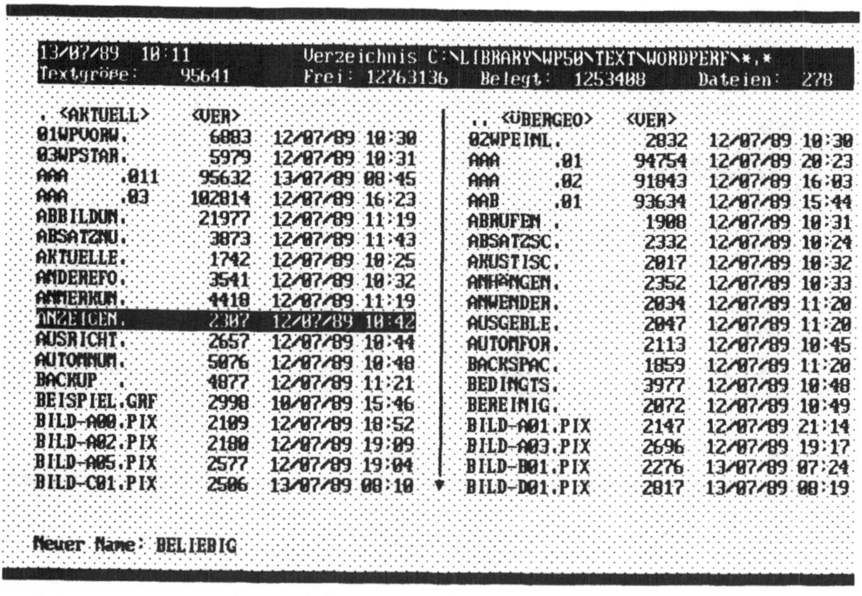

Bild 37: Datei umbenennen

DATEINAME IN STATUSZEILE

Die Ausgabe des Dateinamens in der Statuszeile am unteren Rand des Monitors können Sie im Startmenü ein- und abschalten (vgl. Bild 38):

- Gehen Sie mit <SHIFT><F1> ins STARTMENÜ,

- geben Sie <3> BILDSCHIRM ein.

- Ändern Sie nach Drücken von <9> **DATEINAME IN STATUSZEI-LE** mit <j> oder <n> die Ausgabe.

```
Startmenü: Bildschirm

   1 - Autom. Formatieren und Neuanzeige   Ja

   2 - Farben/Fonts/Attribute

   3 - Textanmerkungen anzeigen            Ja

   4 - Dateiname in Statuszeile            Ja

   5 - Grafikbildschirm                    Hercules 720x348 mono

   6 - Zeichen für Feste Neue Zeile        <

   7 - Menükennbuchstabe                   FETT

   8 - Spalten nebeneinander darstellen    Ja

   9 - Druckbild einsehen (schwarz/weiß)   Nein


   Auswahl: 8
```

Bild 38: STARTMENÜ: BILDSCHIRM

- Durch zweimaliges Drücken von <F7> EXIT gelangen Sie wieder in
  Ihren Text.

HINWEIS: Die Änderung bleibt auch nach dem Ausschalten des Com-
                puters erhalten, bis Sie sich zu einer erneuten Änderung
                entschließen.

DATEIVERZEICHNIS

Mit der Tastenkombination <F5><ENTER> erscheint das aktuelle Dateiverzeichnis auf dem Bildschirm (vgl. Bild 39).

```
29/06/89   14:45           Verzeichnis C:\LIBRARY\WP50\TEXT\WORDPERF\*.*
Textgröße:       800       Frei: 14628864    Belegt:      74596      Dateien:    22

. <AKTUELL>        <VER>                  .. <ÜBERGEO>    <VER>
ABBILDUN.       22176  26/06/89 20:28     ABRUFEN .       1390  26/06/89 20:36
AKUSTISC.        1185  20/06/89 13:15     ANMERKUN.       3661  27/06/89 10:26
ANWENDER.        1306  27/06/89 10:44     AUSGEBLE.       1313  27/06/89 10:48
BACKSPAC.        1131  27/06/89 10:51     BACKUP  .       4039  27/06/89 11:49
BILD001 .PIX     2125  23/06/89 13:18     BILD002 .PIX    2514  26/06/89 15:32
BILD003 .PIX     2099  27/06/89 11:44     BILD004 .PIX    2606  27/06/89 11:45
BILD005 .PIX     2254  27/06/89 11:54     BILD006 .PIX    2574  27/06/89 14:22
BILD007 .PIX     2086  27/06/89 14:22     BILD008 .PIX    2125  29/06/89 14:42
BILD009 .PIX     2456  29/06/89 14:35     BILDSPIT.       2238  27/06/89 14:23
BILDSTAR.        4623  27/06/89 12:33     BLITZSIC.       1895  27/06/89 14:30
CARTFONT.        5119  29/06/89 13:20     DATUM   .       2001  29/06/89 14:35

  1 Laden 2 Löschen 3 Verschieben/Umbenennen 4 Drucken 5 Text ein
  6 Anzeigen 7 Verz. wechseln 8 Kopieren 9 Wort suchen N Namen suchen: 6
```

Bild 39: DATEIVERZEICHNIS

DATENSICHERUNG

Um Datenverluste aufgrund von Strom- oder Geräteausfall, während WordPerfect noch aktiv war, zu vermeiden, können Sie WordPerfect veranlassen, Ihre Daten in regelmäßigen Zeitabständen zu sichern. Dabei wird der Text automatisch in einer temporären Datei mit dem Namen 'WP{WP}.BK1' gespeichert, die bei Verlassen von WordPerfect wieder gelöscht wird.

- Drücken Sie <SHIFT><F1> und Sie gelangen ins STARTMENÜ.

- Wählen Sie <1> BACKUP.

- Geben Sie <1> ein und <J> für BACKUP IN INTERVALLEN und bestimmen Sie den Zeitabstand in Minuten für die regelmäßige Datensicherung.

DATUM

Mit der Datumsfunktion können Sie automatisch das gegenwärtige Datum in Ihren Text einfügen. WordPerfect bietet zwei Varianten an:

- Entweder können Sie über <SHIFT><F5> das Datum jedesmal abrufen,

- oder Sie können den Funktionscode eingeben, der jedesmal das Datum aktualisiert, wenn Sie die betreffende Datei laden oder ausdrucken.

Daneben bietet Ihnen das Programm eine Reihe von Datumsformaten an, die Sie wählen können; mit dem Code ^D läßt sich das Datum während eines Mischvorgangs automatisch einfügen.

Um das **Datum in den Text einzufügen**,

- gehen Sie mit dem Cursor an die entsprechende Stelle,

- rufen mit <SHIFT><F5> **DATUM/AUTOM.NUM.** auf und

- wählen <1>. Das Datum wird an dieser Stelle in den Text eingefügt.

Um einen **Datumscode in den Text einzufügen**,

- gehen Sie mit dem Cursor an die entsprechende Stelle,

- rufen mit <SHIFT><F5> **DATUM/AUTOM.NUM.** auf und

- wählen <2> CODE.

HINWEIS: Beim Einfügen wird das aktuelle Datum angezeigt; nach
                   Abspeichern und erneutem Laden der Datei an einem ande-
                   ren Tag das aktualisierte Datum. Wenn Sie das Datumsfor-
                   mat ändern, müssen Sie auch den Code durch einen neuen
                   ersetzen.

Bei **Serienbriefen** können Sie beim Mischen automatisch Datum und/oder
Uhrzeit einfügen:

- gehen Sie mit dem Cursor an die Stelle, an der das Datum und vielleicht auch die Uhrzeit stehen sollen,

- rufen Sie mit <SHIFT><F9> **MISCHBEFEHLE** auf.

- geben Sie <d> ein. An der Cursorposition wird ein ^D eingefügt. Beim
  Mischen der Primärdatei erscheint an dieser Stelle das aktuelle Datum.

Sie können das **Datumsformat ändern**:

- Rufen Sie mit <SHIFT><F5> **DATUM/AUTOM.NUM.** auf, und

- wählen Sie <3> FORMAT;

- ändern Sie das Format entsprechend den aufgelisteten Möglichkeiten (vgl. Bild 40).

```
Datumsformat

    Zeichen      Bedeutung
       1         Tag
       2         Monat (Zahl)
       3         Monat (ausgeschrieben)
       4         Jahr (alle vier Ziffern)
       5         Jahr (die beiden letzten Ziffern)
       6         Wochentag (ausgeschrieben)
       7         Stunde (24 Stunden)
       8         Stunde (12 Stunden)
       9         Minute
       0         am/pm
       %         vor einer Zahl:
                 Zahlen kleiner als 10 wird eine Null vorangestellt.
                 Angabe des Monats/Tags jeweils durch die ersten 3 Buchstaben.


    Beispiele: 1. 3 4        = 22. April 1988
               %2/%1/5 (6) = 04/01/88 (Montag)
                    8:90     = 10:55am



Datumsformat: 1. 3 4
```

*Bild **40**: Datumsformat*

DEFINIEREN (TEXT MARKIEREN)

Über die Tastenkombination <ALT><F5> gelangen Sie ins Menü **TEXT MARKIEREN**. Mit <5> **DEFINIEREN** können Sie Inhaltsverzeichnisse, Listen, Indizes und Quellenverzeichnisse definieren sowie Quellenverzeichnisse bearbeiten (vgl. Bild 41).

```
Text markieren: Definition

     1 - Inhaltsverzeichnis

     2 - Liste

     3 - Index

     4 - Quellenverzeichnis

     5 - Quellenverzeichnis (volle Form) bearbeiten




 Auswahl: 0
```

Bild 41: Text markieren: Definieren

DISKETTENKAPAZITÄT

DATEIVERZEICHNIS <F5>,<ENTER> gibt Ihnen nicht nur einen Überblick
über den Inhalt der auf Diskette gespeicherten Dateien, sondern sagt Ihnen in
der Kopfzeile rechts auch, wieviel Speicherraum noch auf der Diskette zur
Verfügung steht (vgl. Bild 42).

```
13/07/89  10:15              Verzeichnis A:\*.*
Textgröße:      95817      Frei:     27648   Belegt:    323447      Dateien:   25

  <AKTUELL>       <VER>                    .. <ÜBERGEO>    <VER>
3_X_7    .INF      512  24/03/86 10:06     AE       .COM      143  13/04/87 15:01
ASCII0   .INF     2048  03/04/86 20:53     ASCII1   .INF     3575  22/07/86 12:08
ASCII2   .INF     4096  03/10/86 02:21     AUTOMAK  .COM      142  08/12/86 19:08
COMPUTER .INF     2816  04/02/88 12:35     DRUGNT   .EXE    10114  21/04/87 15:23
HELVET   .INF     2816  29/10/86 17:12     HERC     .EXE     2592  28/01/87 13:08
I20A     .EXE    89642  21/04/87 11:14     I20S     .EXE    75146  21/04/87 11:18
IBM      .PRD     1594  24/12/86 13:37     IN       .SET      572  18/01/88 17:51
LAYOUT   .EXE     8012  02/03/87 12:28     LAYOUT   .HLF    41245  23/04/87 11:22
README   .        5817  25/04/87 01:05     ROMAN    .INF     2816  20/06/86 11:58
SERIELLE .BAT       40  29/10/86 17:52     SETUP    .COM    52975  22/04/87 16:05
TEST     .BAT      432  24/04/87 13:09     TEST     .DOK     1664  24/04/87 15:22
TEST     .PIX    10132  24/04/87 16:35     TEST     .SCH     1152  24/04/87 15:07
TREIBER  .LST     3354  24/04/87 10:58

1 Laden 2 Löschen 3 Verschieben/Umbenennen 4 Drucken 5 Text ein
6 Anzeigen 7 Verz. wechseln 8 Kopieren 9 Wort suchen N Namen suchen: 6
```

Bild 42: Diskettenkapazität überprüfen

DOPPELT UNTERSTREICHEN

Um Worte, Sätze und Abschnitte doppelt zu unterstreichen,

- markieren Sie zunächst den zu unterstreichenden Text mit der Blockfunktion <ALT><F4>, dann

- gehen Sie mit <CTRL><F8> ins **FONT-Menü** (vgl. Bild 43).

Bild 43: FONT-Menü

- Geben Sie <2> **GESTALTUNG** ein, und wählen Sie aus dem angezeigten Menü

- <3> für doppelt Unterstreichen.

- <F7> EXIT bringt Sie in Ihren Text zurück.

DOS-AUFRUF

Mit <CTRL><F1>,<1> gelangen Sie zur DOS-Ebene, wo Sie jetzt DOS-Befehle eingeben können. Durch Eingabe von <EXIT> gelangen Sie an die aktuelle Stelle in Ihrem Text zurück.

```
 WordPerfect Library              Donnerstag, 13. Juli 1989     18:24

 * A - WordPerfect 5.0                       K - LAYOUT

   B - MathPlan 2.1

   C - Rechner

   D - DOS-Befehl

   E - Kalender

   F - Dateiverwaltung

   G - Notizbuch

   H - Programm-Editor

   I - Macro-Editor

   J - Spiel: BESTIEN

 1 Zu DOS  2 Ablage  3 Pfad wechseln  4 Vorgaben  5 Speicher :      (F7 = Exit)
```

Bild 44: WP-Library mit DOS-Zugang

Wenn Sie die Benutzeroberfläche **WordPerfect Library** benutzen, gelangen Sie mit dieser Tastenkombination ins Verzeichnis. Wählen Sie in diesem Fall den Buchstaben für den DOS-Befehl (vgl. Bild 44).

DOS-TEXTDATEI

Mit Drücken von <CTRL><F5> gelangen Sie in ein **Konvertierungsprogramm**, das Ihnen ermöglicht, DOS-Textdateien in WordPerfect-Dateien umzuschreiben und anschließend weiterzuverarbeiten. Ebenso können Sie WordPerfect-Dateien in DOS-Textdateien konvertieren. (vgl. Bild 45)

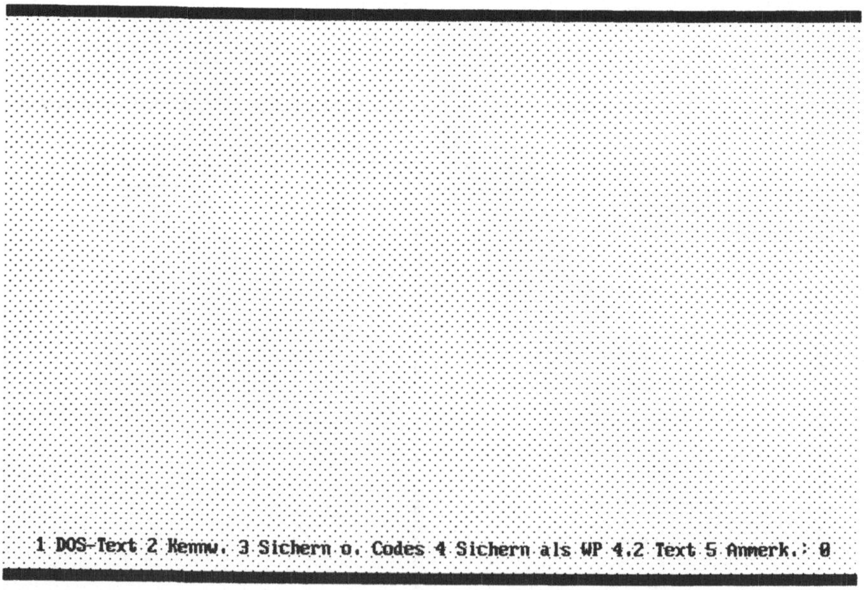

1 DOS-Text 2 Kennw. 3 Sichern o. Codes 4 Sichern als WP 4.2 Text 5 Anmerk.: 0

Bild 45: Konvertierungsprogramm

Siehe: Text ein/aus.

DRUCK-ANGABEN

Sie können für einen gesamten Arbeitsvorgang mit WordPerfect die Druckangaben ändern. Das System schaltet wieder auf die Standardangaben, wenn das Programm verlassen wird.

- Drücken Sie STARTMENÜ <SHIFT><F1>,<5> und <7> für die Druckoptionen (vgl. Bild 46).

Bild 46: Druckoptionen im Startmenü

- Sie können jetzt mit <1> den Heftrand und mit <2> die Anzahl der Kopien ändern.

- Durch 4-maliges Drücken der <ENTER>-Taste gelangen Sie wieder in den Text.

DRUCK-ANGABEN ÄNDERN

Um die Druckangaben nur für einen einzigen Ausdruck zu verändern, gehen Sie folgendermaßen vor:

- Drücken Sie DRUCK <SHIFT><F7>, um ins Druckmenü zu kommen.

Es erscheint das Menü mit Optionen für die Druck-Angaben (vgl. Bild 47).

- Sie können jetzt mit <D> den **Drucker** auswählen,

- mit <H> den **Heftrand** festlegen und

- mit <K> die **Anzahl der Kopien** bestimmen.

Außerdem haben Sie mit <G> und <T> die Möglichkeit, auf Grafik und Textqualität beim Ausdruck Einfluß zu nehmen.

- Mit <ENTER>,<ENTER> gelangen Sie wieder in den Text.

```
Drucken

    1 - Datei
    2 - Seite
    3 - Datei von Festplatte/Diskette
    4 - Druckerkontrolle
    5 - Schreibmaschine
    6 - Druckbild einsehen
    7 - Drucker initialisieren

Optionen

    D - Drucker auswählen          HP LaserJet Series II
    H - Heftrand                   0c
    K - Kopienanzahl               1
    G - Grafikqualität             Durchschnitt
    T - Textqualität               Sehr gut




Auswahl: 0
```

Bild 47: Optionen im DRUCK-Menü

DRUCKBILD EINSEHEN

Mitunter möchten Sie wissen, wie Ihr eingegebener Text 'gedruckt' aussieht, d.h. mit Seitenzahlen, Kopf- und Fußtext, Fuß- und Endnoten, Rändern und grafischen Abbildungen.

- Dazu rufen Sie das Druckmenü mit DRUCK <SHIFT><F7> auf und geben DRUCKBILD EINSEHEN <6> ein.

- Nun können Sie wählen:

1 AKTUELLE SEITE 100 %   Die Seite wird im Maßstab 1:1 ange-
                               zeigt.

2 AKTUELLE SEITE 200 %   Die Seite wird auf das Doppelte ver-
                               größert.

3 SEITE   Die ganze Textseite wird angezeigt.

4 GEGENÜBERL. SEITEN   Seiten mit ungerader Seitenzahl wer-
                               den rechts und Seiten mit gerader
                               Seitenzahl werden links angezeigt.

- Während die Option DRUCKBILD EINSEHEN aktiv ist, können Sie
  den Text durchblättern, aber nicht bearbeiten.

DRUCKEN

Die Druckersteuerung von WordPerfect ist sehr komplex und läßt kaum Wün-
sche offen.

- Mit <SHIFT><F7> gelangen Sie ins DRUCK-Menü (vgl. Bild 48).

- **Aktuelle Datei:** Drücken Sie <1>, dann wird die aktuelle Datei ausgedruckt.

- **Aktuelle Seite:** Drücken Sie <2>, dann wird die aktuelle Seite ausgedruckt.

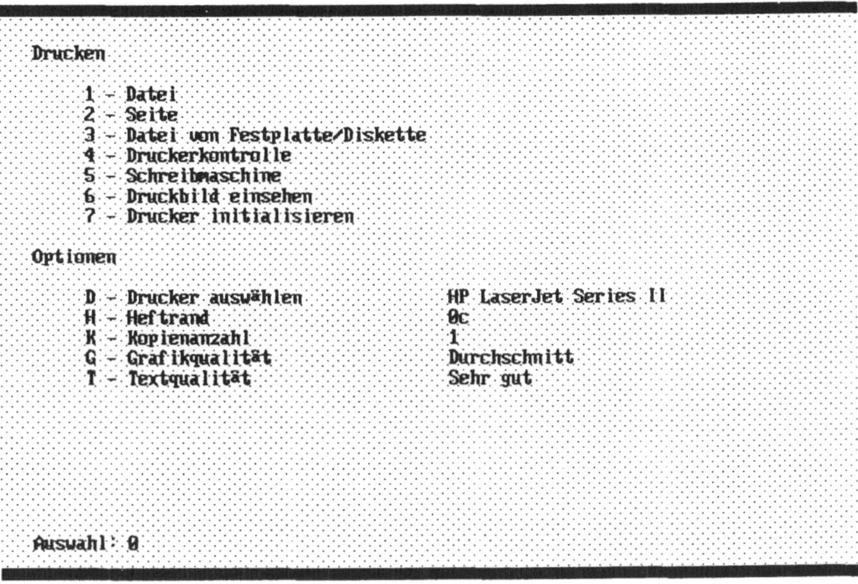

Bild 48: DRUCK-Menü

- **Datei von der Diskette/Festplatte** drucken: Rufen Sie mit DRUCK <SHIFT><F7> das Druckmenü auf und wählen Sie <3> DATEI VON FESTPLATTE/DISKETTE. Geben Sie den Namen der betreffenden Datei ein.

Drücken Sie <ENTER>, um den gesamten Text zu drucken.

Sollen einzelne Seiten gedruckt werden, geben Sie die Seitenzahl an.

- Mit <ENTER> kehren Sie in Ihren Text zurück.

DRUCKEN AUF DISKETTE/FESTPLATTE

Sie haben in WordPerfect die Möglichkeit, Ihren Text so auf Diskette oder Ihrer Festplatte abzuspeichern, wie er auch ausgedruckt werden würde, d.h. als ASCII-DOS-Textdatei mit allen Codes, die normalerweise an den Drucker gingen.

- Rufen Sie DRUCK <SHIFT><F7> auf, und lassen Sie sich mit DRUCKER AUSWÄHLEN <D> die Liste der definierten Drucker anzeigen.

- Wählen Sie mit dem Cursor einen Drucker aus und geben BEARBEI-TEN <3> ein.

- Wählen Sie PORT <2>, dann ANDERE <8>.

- Geben Sie einen Pfad oder Dateinamen ein.

- Mit EXIT <F7>, EXIT <F7> kehren Sie in den Text zurück.

- Jetzt können Sie den Text mit der Funktion DRUCK <SHIFT>-<F7>,<1> ausdrucken lassen.

DRUCKEN AUS DEM DATEIVERZEICHNIS

Mit WordPerfect können Sie nicht nur die Datei, die Sie gerade auf dem Bildschirm bearbeiten, ausdrucken, sondern Sie können den Druckbefehl direkt aus dem Dateiverzeichnis geben.

- Gehen Sie mit <F5> ins Dateiverzeichnis.

- Steuern Sie mit dem Cursor die Datei an, die Sie ausdrucken wollen
  (vgl. Bild 49).

```
12/07/89  10:07            Verzeichnis C:\LIBRARY\WP50\TEXT\WORDPERF\*.*
Textgröße:      2202       Frei: 14469120   Belegt:    177500     Dateien:  58

. <AKTUELL>      <VER>                     .. <ÜBERGEO>    <VER>
01WPVORW.        6061  12/07/89 09:52      02WPEINL.        2810  12/07/89 09:53
03WPSTAR.        5849  12/07/89 09:52      ABBILDUN.       22023  12/07/89 09:54
ABRUFEN .        1006  12/07/89 09:55      AKUSTISC.        1090  12/07/89 09:55
ANMERKUN.        4388  12/07/89 09:56      ANWENDER.        2012  12/07/89 09:56
QUSGEBLE.        2019  12/07/89 09:57      BACKSPAC.        1837  12/07/89 09:57
BACKUP  .        4560  12/07/89 09:58      BEISPIEL.GRF     2998  10/07/89 15:46
BILD001 .PIX     2125  11/07/89 09:31      BILD002 .PIX     2514  26/06/89 15:32
BILD003 .PIX     2099  27/06/89 11:44      BILD004 .PIX     2606  27/06/89 11:45
BILD005 .PIX     2254  27/06/89 11:54      BILD006 .PIX     2574  27/06/89 14:22
BILD007 .PIX     2006  27/06/89 14:22      BILD008 .PIX     2125  29/06/89 14:42
BILD009 .PIX     2456  29/06/89 14:35      BILD010 .PIX     2652  29/06/89 15:49
BILD011 .PIX     2005  29/06/89 17:11      BILD012 .PIX     2149  29/06/89 18:10
BILD013 .PIX     2574  10/07/89 11:36      BILD014 .PIX     2074  10/07/89 11:47
BILD015 .PIX     2024  10/07/89 15:17      BILD016 .PIX     2174  11/07/89 09:29
BILD017 .PIX     2653  10/07/89 14:21      BILD018 .PIX     2015  10/07/89 12:15
BILD019 .PIX     2157  10/07/89 12:49      BILD020 .PIX     2192  11/07/89 12:49
BILD021 .PIX     2275  11/07/89 11:32      BILD022 .PIX     2242  11/07/89 11:31
BILDSPIT.        2944  12/07/89 09:59   ▼  BILDSTAR.        5350  12/07/89 09:59

1 Laden 2 Löschen 3 Verschieben/Umbenennen 4 Drucken 5 Text ein
6 Anzeigen 7 Verz. wechseln 8 Kopieren 9 Wort suchen N Namen suchen: 6
```

Bild 49: DRUCKEN aus dem DATEIVERZEICHNIS

HINWEIS: Sie können auch mehrere Dateien nacheinander ausdrucken:

- Die Dateien mit Sternchen <*> markieren, die Frage, ob
  die Dateien ausgedruckt werden sollen, mit <j>
  beantworten und

- mit <4> **DRUCKEN** den Ausdruck starten. (vgl. Bild 50)

```
13/07/89  13:17              Verzeichnis C:\LIBRARY\WP50\TEXT\WORDPERF\*.*
Textgröße:      92440       Frei: 12859392   Belegt:    344884     Markiert: 14

.  <AKTUELL>      <VER>                  ..  <ÜBERGEO>     <VER>
01WPVORW.          6003  12/07/89 10:30  02WPEINL.          2032  12/07/89 10:30
03WPSTAR.          5979* 12/07/89 10:31  AAA      .02      91963* 13/07/89 12:13
AAA      .03     102814* 12/07/89 16:23  AAA      .XXX     97934* 13/07/89 11:31
ABBILDUN.         21977* 12/07/89 11:19  ABRUFEN  .         1908* 12/07/89 10:31
ABSATZNU.          3073* 12/07/89 11:43  ABSATZSC.          2332* 12/07/89 10:24
AKTUELLE.          1742* 12/07/89 10:25  AKUSTISC.          2017* 12/07/89 10:32
ANDEREFO.          3541* 12/07/89 10:32  ANHÄNGEN.          2352* 12/07/89 10:33
ANMERKUN.          4418* 12/07/89 11:19  ANWENDER.          2034* 12/07/89 11:20
ANZEIGEN.          2307  12/07/89 10:42  AUSGEBLE.          2047  12/07/89 11:20
AUSRICHT.          2657  12/07/89 10:44  AUTOMFOR.          2113  12/07/89 10:45
AUTOMNUM.          5076  12/07/89 10:48  BACKSPAC.          1859  12/07/89 11:20
BACKUP   .         4877  12/07/89 11:21  BEDINGTS.          3977  12/07/89 10:48
BEISPIEL.GRF       2998  10/07/89 15:46  BEREINIG.          2072  12/07/89 10:49
BILD-A00.PIX       2109  12/07/89 18:52  BILD-A01.PIX       2147  12/07/89 21:14
BILD-A02.PIX       2180  12/07/89 19:09  BILD-A03.PIX       2696  12/07/89 19:17
BILD-A05.PIX       2577  12/07/89 19:04  BILD-B01.PIX       2276  13/07/89 07:24
BILD-C01.PIX       2506  13/07/89 08:10  BILD-D01.PIX       2817  13/07/89 08:19
BILD-D02.PIX       2003  05/07/89 20:01  BILD-D03.PIX       2966  05/07/89 20:06

1 Laden 2 Löschen 3 Verschieben/Umbenennen 4 Drucken 5 Text ein
6 Anzeigen 7 Verz. wechseln 8 Kopieren 9 Wort suchen N Namen suchen: 6
```

Bild 50: Druck mit Sternchenfunktion

DRUCKERAUSWAHL

WordPerfect kann bis zu 6 Drucker verwalten, deren Daten (Druckbeschreibung und Schriften) Ihnen jederzeit zur Verfügung stehen.

- Drücken Sie die Taste DRUCK <SHIFT><F7> und wählen Option <D> DRUCKER AUSWÄHLEN. Nun können Sie die Liste der definierten Drucker einsehen.

- Bewegen Sie den Cursor zu dem Drucker, mit dem Sie arbeiten wollen,
  und drücken Sie <1> SELEKTIEREN.

- Mit EXIT <F7> wird das Druckmenü wieder verlassen.

ACHTUNG: **Beim Sichern des Textes wird die Druckerwahl zusammen mit dem Text abgelegt.**

Möchten Sie die standardmäßig vorgegebenen Druckervorgaben ändern,

- steuern Sie mit dem Cursor den betreffenden Druckernamen an und
  wählen <3> BEARBEITEN. WordPerfect bietet dann ein weiteres Untermenü an, in dem Sie diverse Veränderungen (z.B. bei Fonts und
  Cartridges) vornehmen können (vgl. Bild 51).

Grundsätzlich ist zur Druckersteuerung von WordPerfect zu sagen, daß sie
aufgrund der vielen angebotenen Möglichkeiten unübersichtlich wirkt. Doch
die Schwierigkeiten bei der Installation Ihres Druckers werden sehr bald dem
einen oder anderen "Aha-Erlebnis" weichen.

```
Drucker auswählen: Bearbeiten

        Dateiname                    OKML191B.PRS

    1 - Name                         Okidata ML 192 (IBM)

    2 - Port                         LPT1:

    3 - Einzelblatteinzug            ALPS (Dual Bin)

    4 - Formulare

    5 - Cartridges und Fonts

    6 - Standard-Font               Pica

    7 - Pfad für Download-Fonts und
        Druckerbefehlsdateien




  Auswahl: 0
```

Bild 51: Änderung der Druckervorgaben

- **NAME**: Für den Namen, der im Menü DRUCKER AUSWÄHLEN steht, können bis zu 36 Zeichen angegeben werden.

- **PORT**: Das ist die Druckeranschlußstelle Ihres Computers. LPT-Kanäle sind parallele, COM-Kanäle serielle Anschlüsse.

- **EINZELBLATTEINZUG**: Wählen Sie <3> und steuern den Cursor auf die Bezeichnung des derzeit verwendeten Einzelblatteinzugs.

- **FORMULARE**: Geben Sie die Nummer des Einzelblatteinzugs an.

- **CARTRIDGES UND FONTS**: Hier können Sie alle Fonts und Cartridges einsehen, die Sie benötigen.

DRUCKERBEFEHL EINFÜGEN

Mit einem Druckerbefehl werden besondere Funktionen Ihres Druckers kontrolliert. Sie finden die Druckerbefehle im Druckerhandbuch. Druckerbefehle werden nicht auf dem Bildschirm ausgegeben, sind jedoch mit STEUERZEICHEN <ALT><F3> sichtbar zu machen.

- Drücken Sie DRUCKFORMAT <SHIFT><F8>,<4>,<6>,<2> (vgl. Bild 52).

- Geben Sie den Befehl ein, und kehren Sie mit <ENTER> in den Text zurück.

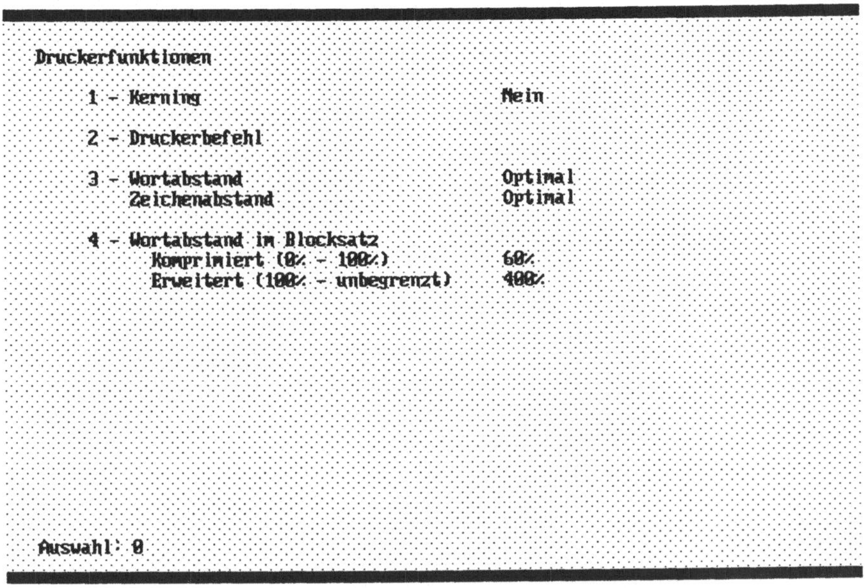

Bild 52: Druckerbefehl einfügen

DRUCKERFUNKTIONEN

Das Druckerfunktionsmenü bietet Ihnen verschiedene Möglichkeiten, Ihr Druckbild zu gestalten.

- Um das Menü aufzurufen, geben Sie ein: FORMAT <SHIFT> <F8>, dann ANDERE <4> und DRUCKERFUNKTIONEN <6>.

- Folgende Optionen stehen Ihnen zur Auswahl (vgl. Bild 53):

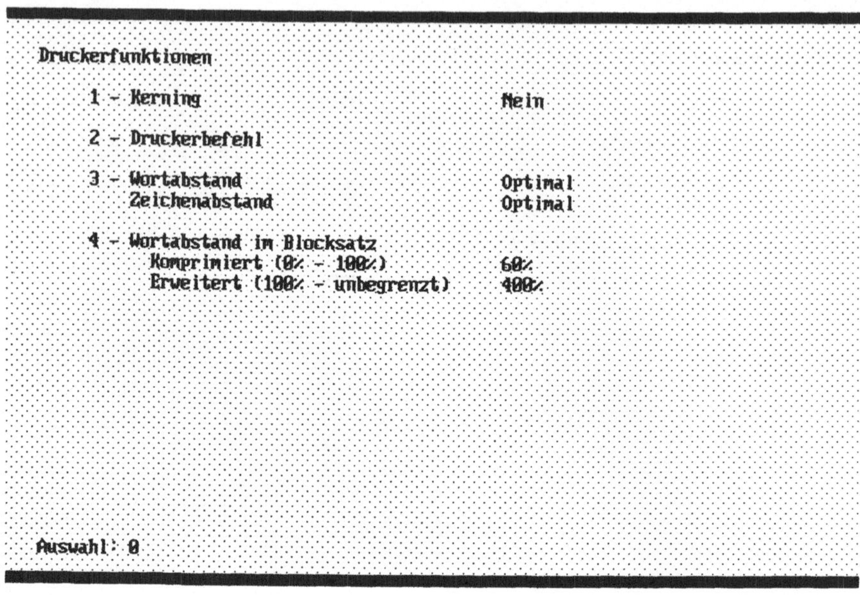

Bild 53: Druckerfunktionsmenü

1 KERNING

Mit dieser Funktion kann der Abstand zwischen bestimmten Buchstaben, z.B.'L' und 'T', reduziert werden.

2 DRUCKERBEFEHL

Diese Funktion erlaubt Ihnen, Befehle in Ihren Text einzubauen, die die Sonderfunktionen Ihres Druckers steuern. Diese Befehle können Sie auch in einer eigenen Datei ablegen und brauchen dann nur den Namen dieser Datei anzugeben.

3 WORT-/ZEICHENABSTAND

Mit Hilfe dieser Funktion kann der Abstand zwischen nebeneinanderstehenden Wörtern und Zeichen optimal verändert werden.

**4 WORTABSTAND IM
BLOCKSATZ**

Mit dieser Funktion könnnen Sie den
Wortabstand beim Blocksatz einstellen.

Wenn Sie eine Option ausgewählt und die gewünschten Vorgaben eingegeben
haben,

- kehren Sie mit EXIT <F7> wieder in Ihren Text zurück.

DRUCKERKONTROLLE

Die DRUCKERKONTROLLE erreichen Sie mit <SHIFT><F7>,<4>. Das
Menü bietet Ihnen verschiedene Möglichkeiten zur Organisation Ihrer Druckjobs (vgl. Bild 54).

```
Druckerkontrolle

Aktueller Job:

Nummer:        /                        Seite:         /
Status:        keine Druckjobs          Akt. Kopie:    /
Hinweis:       /
Papier:        /
Einzug:        /
Bemerkung:     /


Jobliste

Job  Datei              Bestimmung           Optionen




Nicht angezeigte Jobs:      0




1 Job(s) stornieren 2 Job vorziehen 3 Job anzeigen 4 Go (Start) 5 Stop: 0
```

Bild 54: Steuerung des Ausdrucks über Druckjobs

JOB(S) STORNIEREN
JOB VORZIEHEN
JOB ANZEIGEN
GO (START)
STOP

DRUCKFARBE

Wenn Sie einen der aufwendigeren Nadeldrucker besitzen, können Sie möglicherweise Ihren Text farbig ausdrucken. Mit der Funktion **DRUCKFARBE** legen Sie fest, in welcher Farbe Ihr Text auf dem Drucker ausgegeben werden soll. Sie müssen sich allerdings vor Augen halten, daß die Druckfarben, die auf Ihrem Drucker ausgegeben werden, nicht notwendigerweise den Farben auf Ihrem Farbmonitor entsprechen.

Um den Text in einer bestimmten Farbe zu drucken, gehen Sie mit

- <CTRL><F8> ins FONT-Menü.

- Wählen Sie DRUCKFARBE <5>; das Druckfarbenmenü erscheint auf dem Monitor (vgl. Bild 55).

- Sie können die Farbe entweder durch Eingabe der entsprechenden Ziffer oder des fettgedruckten Buchstabens wählen.

- Mit <F7> Exit kommen Sie wieder in Ihren Text.

Wenn Sie wieder einen schwarzen Ausdruck wünschen,

- wiederholen Sie die Schritte, bis Sie wieder ins Druckfarbenmenü kommen, und wählen Sie SCHWARZ.

```
 Druckfarbe
                                     Primärfarben

                            Rot        Grün       Blau

      1 - Schwarz           0%         0%         0%
      2 - Weiß              100%       100%       100%
      3 - Rot               67%        0%         0%
      4 - Grün              0%         67%        0%
      5 - Blau              0%         0%         67%
      6 - Gelb              67%        67%        0%
      7 - Tiefrot           67%        0%         67%
      8 - Tiefblau          0%         67%        67%
      9 - Orange            67%        25%        0%
      A - Grau              50%        50%        50%
      N - Braun             67%        33%        0%
      D - Andere

      Aktuelle Farbe        0%         0%         0%


 Auswahl: 0
```

Bild 55: Menü DRUCKFARBE

Sie können natürlich auch Ihre eigene Druckfarbe mischen. WordPerfect listet zu diesem Zweck den jeweiligen Intensitätsgrad der drei Komplementärfarben Rot, Grün und Blau auf.

Um eine eigene **Druckfarbe** zu **generieren**:

- Gehen Sie mit <CTRL><F8> ins Font-Menü.

- Wählen Sie DRUCKFARBE <5>.

- Geben Sie <D> für ANDERE ein.

- Ändern Sie den Intensitätsgrad für Rot.

- Ändern Sie den Intensitätsgrad für Grün.
- Ändern Sie den Intensitätsgrad für Blau.

- Mit <F7> EXIT kehren Sie in den Text zurück.

DRUCK FORTSETZEN

Wenn Sie den Druckvorgang unterbrochen haben, müssen Sie dem Drucker über das Menü DRUCKERKONTROLLE <SHIFT><F7>,<4> mit <4> GO den Befehl zur Wiederaufnahme des Ausdrucks geben. Haben Sie von einer umfangreichen Datei schon einige Seiten ausgedruckt, müssen Sie die Seitenzahl angeben, an der der Druck wiederaufgenommen werden soll. (vgl. Bild 56)

```
Druckerkontrolle

Aktueller Job:

Nummer:          /                          Seite:         /
Status:       keine Druckjobs              Akt. Kopie:     /
Hinweis:         /
Papier:          /
Einzug:          /
Bemerkung:       /


Jobliste

Job  Datei           Bestimmung            Optionen



Nicht angezeigte Jobs:      0



 1 Job(s) stornieren 2 Job vorziehen 3 Job anzeigen 4 Go (Start) 5 Stop: 0
```

Bild 56: Wiederaufnahme des Drucks

DRUCKJOB

Wenn Sie sich während des Ausdrucks vergewissern wollen, welche Dateien oder Seiten bereits ausgedruckt wurden, können Sie sich die Druckjobs anzeigen lassen, die derzeit von WordPerfect bearbeitet werden.

- Gehen Sie dazu mit <SHIFT><F7> ins Druckmenü (vgl. Bild 57),

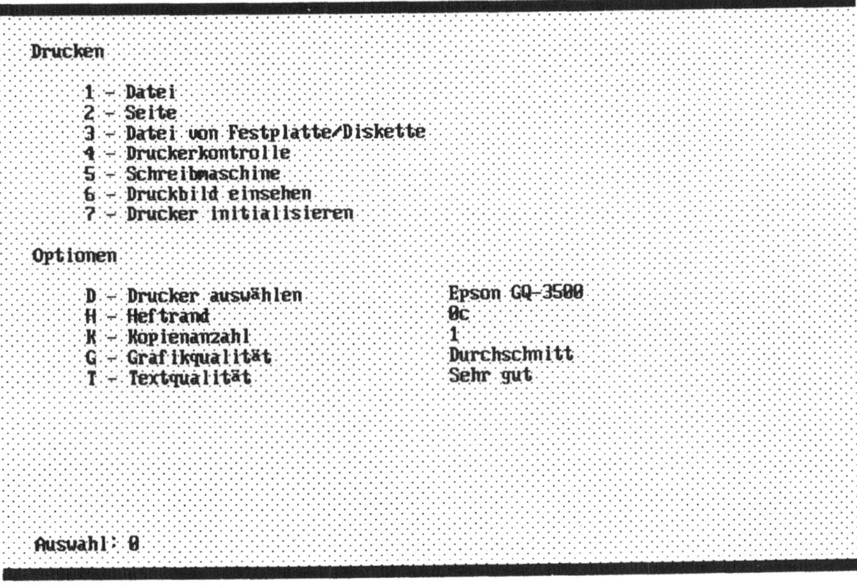

Bild 57: Druck-Menü

- und geben Sie <4> DRUCKERKONTROLLE ein.

- Wählen Sie nun die erforderliche Option (vgl. Bild 58).

Sie haben folgende Möglichkeiten:

JOB(S) STORNIEREN - damit können Sie einen oder sämtliche folgende Druckjobs stornieren.

JOB VORZIEHEN - bietet sich an, wenn Sie ein längeres Dokument ausdrucken und schnell mal einen Brief dazwischenschieben müssen.

JOB ANZEIGEN - damit holen Sie sich eine Liste der noch abzuarbeitenden Druckjobs auf den Monitor.

GO (START) - startet den Ausdruck erneut, wenn Sie mit Hilfe von **STOP** den Drucker zum Formular- oder Cartridge-Wechsel angehalten hatten.

STOP - hält den Drucker an, ohne die Druckjobs zu löschen. Verwenden Sie diese Möglichkeit, wenn Sie mechanische Probleme mit dem Drucker haben, oder wenn Sie Typenrad oder Cartridge wechseln wollen.

```
Druckerkontrolle

Aktueller Job:

Nummer:        /                          Seite:         /
Status:        keine Druckjobs            Akt. Kopie:    /
Hinweis:       /
Papier:        /
Einzug:        /
Bemerkung:     /


Jobliste

Job  Datei               Bestimmung        Optionen




Nicht angezeigte Jobs:    0





 1 Job(s) stornieren 2 Job vorziehen 3 Job anzeigen 4 Go (Start) 5 Stop: 0
```

Bild 58: Druckerkontrolle

DRUCKJOB LÖSCHEN

Solange die Druckjobs noch nicht im Puffer Ihres Druckers gespeichert sind, können Sie einen beliebigen Job oder alle Jobs aus der Warteschlange löschen.

- Drücken Sie DRUCK <SHIFT><F7> und wählen Sie mit <4> die DRUCKERKONTROLLE (vgl. Bild 59).

```
Druckerkontrolle

Aktueller Job:

Nummer:       /                        Seite:        /
Status:       keine Druckjobs          Akt. Kopie:   /
Hinweis:      /
Papier:       /
Einzug:       /
Bemerkung:    /


Jobliste

Job  Datei              Bestimmung            Optionen




Nicht angezeigte Jobs:      0




1 Job(s) stornieren 2 Job vorziehen 3 Job anzeigen 4 Go (Start) 5 Stop: 0
```

Bild 59: Druckjob stornieren

- Geben Sie <1> für JOB STORNIEREN ein.

- Geben Sie die Nummer des zu löschenden Druckjobs ein - oder <*>,
  wenn alle Druckjobs gelöscht werden sollen. Bestätigen Sie mit
  <ENTER>.

- Mit <ENTER> gelangen Sie in den Text zurück.

DRUCKJOB STORNIEREN

Wenn Sie den laufenden Druckjob oder einen Job in der Druckerwarteschlange abbrechen möchten,

- rufen Sie das Druckerkontrollmenü mit DRUCK <SHIFT><F7>,<4>
  auf und wählen JOB(S) STORNIEREN <1>.

- Geben Sie die Nummer des betreffenden Druckjobs an oder <*>, wenn
  Sie alle Druckjobs stornieren möchten.

- Mit EXIT <F7> verlassen Sie das Menü.

HINWEIS: Wenn Ihr Drucker nicht auf den Stornobefehl reagiert, müs-
                      sen Sie evtl. noch <ENTER> drücken.

DRUCKJOB VORZIEHEN

Bei einem umfangreichen Ausdruck mehrerer Dateien kann es vorkommen, daß Sie gerne eine Datei aus der Warteschlange vorziehen möchten.

- Drücken Sie DRUCK <SHIFT><F7> und DRUCKERKONTROLLE <4>.

- Geben Sie <2> für VORZIEHEN ein.

- Geben Sie die Nummer des betreffenden Druckjobs ein.

  In der Statuszeile steht jetzt: *Aktuellen Job unterbrechen (J/N) N*

- Bei <N> wird die ausgesuchte Datei an den Anfang der Druckschlange gebracht.

- Bei <J> wird der augenblickliche Druckvorgang unterbrochen und die vorgezogene Datei ausgedruckt. Anschließend wird der Ausdruck in der Reihenfolge der Druckerwarteschlange fortgesetzt.

DRUCKOPTIONEN

Wenn Sie mit DRUCK <SHIFT><F7> das Druckmenü aufrufen, stehen Ihnen folgende Optionen zur Auswahl:

DRUCKER AUSWÄHLEN Hier können Sie den Drucker auswählen, mit dem Sie Ihren Text ausdrucken wollen.

HEFTRAND	Damit Sie auf zweiseitig bedruckten Blättern den zum Binden nötigen Heftrand erhalten, können Sie bestimmen, um wieviel der Text auf Seiten mit ungerader Seitenzahl nach rechts und auf Seiten mit gerader Seitenzahl nach links verschoben werden soll.
KOPIENANZAHL	Mit dieser Option können Sie angeben, wieviel Exemplare Ihres Textes Sie ausgedruckt haben möchten.
GRAFIKQUALITÄT	Hier können Sie angeben, in welcher Qualität Ihr Drucker Grafiken drucken soll.
TEXTQUALITÄT	Hier bestimmen Sie die Qualität, in der Text gedruckt werden soll.

DRUCKQUALITÄT

Oft möchten Sie einen Text erst einmal so, als 'Rohexemplar', ausgedruckt haben, um ihn noch korrigieren zu können, und erst beim zweiten Mal brauchen Sie ihn dann in besserer Qualität.

Die Optionen **GRAFIKQUALITÄT** und **TEXTQUALITÄT** des Druckmenüs geben Ihnen die Möglichkeit, festzulegen, in welcher Qualitätsstufe Ihre Grafiken und Ihr Text ausgedruckt werden sollen. Außerdem können Sie mit dieser Funktion Text und Grafik getrennt voneinander drucken lassen, wenn Ihr Drucker Text und Grafik nur in getrennten Jobs drucken kann.

- Geben Sie ein DRUCK <SHIFT><F7>

- und wählen GRAFIKQUALITÄT <G> oder TEXTQUALITÄT <T>.

Sie können nun aus folgenden Qualitätsvorgaben auswählen:

1 Nicht drucken **2** Entwurf **3** Durchschnitt
4 Sehr gut: **3**

Bei besserer Druckqualität wird der Text oder die Grafik mit höherer Auflösung gedruckt, was natürlich auch mehr Zeit zum Ausdrucken erfordert.

DRUCK STOPPEN

Mit der Funktion Druck Stoppen können Sie den laufenden Druckvorgang, etwa bei Papierstau, unterbrechen. Dabei wird der Druckjob nicht aus der Warteschlange (der abzuarbeitenden Druckvorgänge) gelöscht und kann später fortgesetzt werden.

- Drücken Sie DRUCK <SHIFT><F7>.

- Mit <4> gelangen Sie zur DRUCKERKONTROLLE.

- Stoppen sie den Druck mit <5>.

- Sie verlassen das Menü mit <ENTER>.

- Druck fortsetzen: siehe DRUCK FORTSETZEN.

DURCHSTREICHEN

Wenn Sie Texte markieren wollen, die später möglicherweise gelöscht werden sollen, ist dies mit der Funktion DURCHSTREICHEN möglich.

- Steuern Sie den Cursor an den Anfang des zu markierenden Textteils.

- Drücken Sie BLOCK <ALT><F4>, und gehen Sie mit dem Cursor ans entgegengesetzte Ende des zu markierenden Textes.

- Geben Sie FONT <CTRL><F8>,<2> ein

- und <9> für DURCHSTREICHEN.

Beim Ausdruck wird der so gekennzeichnete Text durchgestrichen wiedergegeben.

EINFÜGEN

Standardmäßig ist WordPerfect auf den Einfügemodus eingestellt, d.h., wenn unten links in der Statuszeile der Name der augenblicklich bearbeiteten Datei erscheint, wissen Sie, daß Sie sich im Einfügemodus befinden. Das bedeutet, jedes Zeichen, das Sie über die Tastatur eingeben, bewirkt, daß der Text um dieses Zeichen nach rechts verschoben wird.

Sie haben aber auch die Möglichkeit, auf den Überschreibmodus umzuschalten, indem Sie <INS> drücken (vgl. Bild 60). Durch nochmaliges Drücken von <INS> wechseln Sie wieder in den Einfügemodus.

```
Standardmäᵖig ist WordPerfect auf den Einfügemodus
eingestellt, d.h., wenn unten links in der
Statuszeile der Name der augenblicklich
bearbeiteten Datei erscheint, wissen Sie, daᵖ Sie
sich im Einfügemodus befinden. Das bedeutet, jedes
Zeichen, das Sie über die Tastatur eingeben,
bewirkt, daᵖ der Text um dieses Zeichen nach rechts
verschoben wird.•
Sie haben aber auch die Möglichkeit, auf den
Überschreibmodus umzuschalten, indem Sie <INS>
drücken. Durch nochmaliges Drücken von <INS>
wechseln Sie wieder in den Einfügemodus.•
Überschreiben                    Txt 1  S 205  Z 20,94c Pos 4,3c
```

Bild 60: Überschreibmodus

EINRÜCKEN BEIDSEITIG

Mit der Tastenkombination →**EINRÜCKEN**← <SHIFT><F4> können Sie
einen Absatz um eine Tab-Position auf beiden Seiten gleichmäßig einrücken,
etwa um einen ganzen Absatz auf einer Seite zu zentrieren.

- Drücken Sie →**EINRÜCKEN**← <SHIFT><F4>. - Sie können auch
  mehrmals drücken, wenn der Einrückbereich größer sein soll.

- Schreiben Sie den Text.

- Drücken Sie am Absatzende <ENTER>.

EINRÜCKEN LINKS

Wollen Sie einen Absatz von linken Rand aus einrücken, dann erreichen Sie
das durch Drücken von →EINRÜCKEN <F4>.

- Schreiben Sie den Absatz. Der Text wird jetzt um einen Tab-Stop nach
  rechts eingerückt.

- Drücken Sie <ENTER>, um die Funktion wieder auszuschalten.

Sie können den Einrückwert verändern, indem Sie die Tab-Stops neu setzen.

Wenn Sie nur die erste Zeile eines Absatzes einrücken wollen, drücken Sie
<TAB>.

Ausgerückte Einrückung

Die erste Zeile eines Absatzes soll am linken Rand beginnen, während alle weiteren Zeilen eingerückt werden.

- Drücken Sie →EINRÜCKEN <F4>.

- Drücken Sie RANDLÖSER <SHIFT><TAB>.

- Schreiben Sie den Text.

- Mit <ENTER> schalten Sie die Funktion wieder aus.

ENDNOTEN

Mit <CTRL><F7>,<2> gehen Sie in das Menü ENDNOTE.

```
1.Hier können Sie die erste Endnote eingeben.




















Mit Exit verlassen.                            Z 2,54c Pos 13,97c
```

Bild 61: Erstellen einer Endnote

- Wählen Sie <1>, schreiben Sie den Text der Endnote und gehen Sie
  mit EXIT <F7> wieder in den Text zurück (vgl. Bild 61).

WordPerfect numeriert Endnoten selbständig.

ENTER

Mit der Zeilenschaltung <ENTER> werden kurze Zeilen und Absätze beendet,
Leerzeilen eingefügt und Befehle bestätigt.

ERSETZEN

Die Funktion **ERSETZEN** sucht ab der Cursorposition nach einer bestimmten
Zeichenfolge oder einem Wort und ersetzt diese durch andere Zeichen oder
ein anderes Wort. Sie können den gesamten Text oder einen ausgezeichneten
Block durchsuchen lassen.

- Drücken Sie ERSETZEN <ALT><F2>.

- Geben Sie <J> ein, wenn Sie das Ersetzen jedesmal bestätigen wollen,
  oder

- geben Sie <N> ein, wenn WordPerfect Suchen und Ersetzen automatisch durchführen soll.

- Drücken Sie PFEIL OBEN <↑>, wenn Sie den Text ab Cursorposition in Richtung Textanfang durchsuchen wollen, und PFEIL UNTEN unten <↓>, wenn Sie den Text in Richtung Textende durchsuchen möchten.

- Geben Sie die Zeichenfolge ein, die Sie suchen wollen.

- Drücken Sie SUCHEN <F2> und geben Sie die Zeichenfolge ein, mit der Sie austauschen wollen.

- Mit erneutem Drücken von SUCHEN <F2> starten Sie den Austauschvorgang.

Grenzen Sie den Suchbegriff klar ab. Wenn Sie das Wort "ab" austauschen wollen, geben Sie vor und nach dem Wort einen Leerschritt ein - sonst hält Wordperfect bei jeder Silbe "ab" an.

ERSTELLEN (TEXT MARKIEREN)

Die Funktion ERSTELLEN erreichen Sie über <ALT><F5>,<6> (vgl. Bild 62).

Wenn Sie Korrekturkennungen und Durchstreichungen verwenden, können Sie diese wieder aus dem Text entfernen. Darüber hinaus gibt Ihnen WordPerfect mit dieser Funktion die Möglichkeit, Bildschirmtexte oder gespeicherten Text zu vergleichen und mit Korrekturkennung oder Durchstreichung zu versehen. Sie können **Hauptdokumente** erweitern oder komprimieren und Indizes, Textverweise und Verzeichnisse erstellen und Endnoten plazieren.

```
Text markieren: Erstellen

    1 - Korrekturkennung und durchgestrichenen Text löschen

    2 - Bildschirm m. Datei auf Disk./Festpl. vergl., Korrekturen kennzchn.

    3 - Hauptdokument erweitern

    4 - Hauptdokument komprimieren

    5 - Verzeichnisse, Indizes, Textverweis(e) usw. erstellen




    Auswahl: 0
```

Bild 62: Text erstellen

ERWEITERTES ERSETZEN

Die Funktion **Erweitertes Ersetzen** aktivieren Sie mit <HOME>,<ALT><F2>. Hierbei werden nicht nur im normalen Text Zeichen ersetzt, sondern auch im Kopf- und Fußtext sowie den Fuß- und Endnoten, den Textboxen und Grafiktiteln.

Wenn Sie bestimmt haben, daß jede einzelne Ersetzung bestätigt werden muß, erscheinen auch Kopf- und Fußtext, Fuß- und Endnoten auf dem Bildschirm. Sie beenden das erweiterte Ersetzen mit <F1> STORNO und kehren in Ihren normalen Text zurück.

ESCAPE

WordPerfect nutzt die Taste ESCAPE <ESC>, um eine bestimmte Eingabe beliebig oft zu wiederholen.

- Drücken Sie <ESC>. In der Statuszeile erscheint *n=8*. Drücken Sie nun die Taste, die wiederholt werden soll. Der Tastendruck wird in diesem Fall achtmal wiederholt.

- Zum Ändern der Standardvorgabe "8" drücken Sie <ESC> und geben die gewünschte Zahl ein.

- Wenn Sie die Standardvorgabe ständig ändern wollen, gehen Sie mit <SHIFT><F1> ins STARTMENÜ, drücken <5> STANDARDVORGABEN und geben bei <5> WIEDERHOLUNGSZÄHLER den neuen Wert ein.

Auch einige Funktionen können mit <ESC> kombiniert werden:

Bildschirm vor/zurück
Löschen
Macro
Pfeiltasten
Seite vor/zurück
Wort links/rechts

EXIT

Mit der Taste **EXIT** <F7> können Sie den bearbeiteten Text sichern, den Bildschirm löschen und WordPerfect verlassen.

- Drücken Sie <F7>. Es erscheint die Frage:

    Text sichern? (J/N) Ja.

- Geben Sie <J> ein, wenn Sie den Text sichern wollen, und vergeben Sie einen Dateinamen.

- Geben Sie <N> ein, wenn Sie den Text nicht sichern wollen. Sie löschen gleichzeitig den Bildschirm von allen Zeichen (auch den versteckten Steuerzeichen) und können eine neue Datei beginnen.

- Um WordPerfect zu verlassen, beantworten Sie die Frage *WP verlassen? (J/N) Nein* mit <J>.

FARBEN

Über die Tastenkombination STARTMENÜ <SHIFT><F1> und <3>,<2> gelangen Sie in ein Menü **FARBEN/FONTS/ATTRIBUTE**, mit dem Sie -
wenn Sie über einen Farbbildschirm verfügen - die Farbanzeige Ihres Monitors
bestimmen können (vgl. Bild 63). Wählen Sie nacheinander die Farben für
Hintergrund, Vordergrund, Fett und Unterstreichen. Verlassen Sie das Menü
mit <ENTER>.

```
Startmenü: Bildschirm

   1 - Autom. Formatieren und Neuanzeige     Ja

   2 - Farben/Fonts/Attribute

   3 - Textanmerkungen anzeigen              Ja

   4 - Dateiname in Statuszeile              Ja

   5 - Grafikbildschirm                      Hercules 720x348 mono

   6 - Zeichen für Feste Neue Zeile          <

   7 - Menükennbuchstabe                     FETT

   8 - Spalten nebeneinander darstellen      Ja

   9 - Druckbild einsehen (schwarz/weiß)     Nein



   Auswahl: 0
```

Bild 63: Bildschirmfarben im STARTMENÜ

FEHLERMELDUNGEN

Bei Eingabefehlern oder sonstigen Problemen bringt WordPerfect in der Statuszeile Fehlermeldungen, die in der Regel leicht nachvollziehbar sind. Hier einige weniger häufige:

Datei nicht gefunden

Entweder existiert eine Datei mit dem eingegebenen Namen nicht, oder der Dateiname wurde nicht korrekt angegeben (er enthält etwa Zeichen, die bei Dateinamen nicht erlaubt sind).

Diskette/Festplatte voll -- weiter mit beliebiger Taste

Wenn WordPerfect eine bestehende Datei auf Diskette oder Festplatte überschreibt, bleibt die Originaldatei bis zur vollständigen Sicherung der verbesserten Version neben dieser bestehen, d.h. für diese eine Datei ist der doppelte Speicherplatz belegt. Es kann dann leicht zu dieser Fehlermeldung kommen, obwohl Sie meinen, noch genügend Platz auf der Diskette/Platte für Ihre Datei zu haben. Ähnlich entsteht beim Drucken über die Option DATEI im Druckmenü eine Druckdatei, die zusätzlichen Speicherplatz belegt. Lassen Sie dann Ihren Text über die Funktion DATEIVERZEICHNIS oder die Option DATEI VON FESTPLATTE/DISKETTE im Druckmenü drucken.

Nicht genug Speicher

Vor allem für komplexere Aufgaben wie Textvergleich oder Laden von Grafikdateien braucht WordPerfect die maximal benötigte Speicherkapazität von 384 KB. Hier gilt aber: Klotzen, nicht Kleckern - 640 KB sollten schon zur Verfügung stehen.

WP-Diskette voll -- weiter mit beliebiger Taste

Ist der Text, den Sie laden wollen, sehr umfangreich und geht über die verbleibende Speicherkapazität hinaus, wird der Rest des Textes in die Überlaufdateien auf der WordPerfect-Diskette geschrieben. Reicht dort der Speicherplatz nicht aus, erfolgt diese Fehlermeldung.

FENSTER

Siehe: Bildschirm teilen.

FESTER LEERSCHRITT

Normalerweise geht WordPerfect davon aus, daß nach einem Leerschritt eine Zeilenschaltung erfolgen kann. Mitunter möchten Sie jedoch, daß zwei oder mehrere Wörter zusammengehalten werden sollen, etwa '27° C', '100 km'.

- Tippen Sie das erste Wort ein.

- Fügen Sie den Code für FESTEN LEERSCHRITT ein mit <HOME><LEERTASTE>.

- Tippen Sie das zweite Wort.

ACHTUNG: Haben Sie die Silbentrennung eingeschaltet, werden Ihnen
diese zusammengehaltenen Wörter von WordPerfect natürlich
auch zur Trennung angeboten, da sie jetzt als ein Wort behandelt werden. Geben Sie dann einfach STORNO <F1>
ein, und das Wort wird in die nächste Zeile übernommen.

FESTER SEITENUMBRUCH

WordPerfect bricht die Seite am Seitenende automatisch um. Man kann aber
an einer beliebigen Stelle auf der Seite durch die Tastenkombination <CTRL>-
<ENTER> einen festen Seitenumbruch herbeiführen.

FESTE ZEILENSCHALTUNG

WordPerfect bricht die Zeile am Zeilenende automatisch um. Bei einer kurzen
Zeile oder bei einem Absatz kann man mit <ENTER> eine feste Zeilenschaltung einfügen.

FETT

Fettdruck erscheint auf dem Bildschirm in hellerer Schrift. Die Darstellung kann über die Funktion FARBEN/FONTS/ATTRIBUTE <SHIFT><F1>,<3>,<2> reguliert werden.

- Fettgedruckt schreiben: Drücken Sie FETT <F6>, schreiben den Text und schalten FETT mit <F6> wieder aus.

- Text nachträglich als fettgedruckt markieren: Zeichnen Sie den Text, der fett erscheinen soll, mit der Blockfunktion <ALT><F4> und Cursorsteuerung aus.

- Drücken Sie FETT <F6>.

- Zum Löschen des Fettdrucks machen Sie die versteckten Steuerzeichen [FETT][fett] mit STEUERZEICHEN <ALT><F3> sichtbar, positionieren den Cursor hinter dem Funktionscode [FETT] und löschen den Code mit <BACKSPACE>.

FONT

Mit der Funktion **FONT** <CTRL><F8> können Sie den Font, mit dem Sie arbeiten (**aktueller Font**), und/oder die Größe, Gestaltung und Farbe des Textausdrucks ändern. Der aktuelle Font ist die Schrift, in der der Text normalerweise gedruckt wird. Mit WordPerfect haben Sie die Möglichkeit, diesen Font zu verändern. Wenn das Programm beispielsweise 'Courier 10 Punkt' bereithält, dann wird der Text im Fettdruck mit 'Courier Fett 10 Punkt' ausgegeben und auch Groß- und Feinschrift entsprechen mit höherer oder geringerer Punktgröße dem aktuellen Font. Den aktuellen Font können Sie über

- **<CTRL><F8> FONT-Menü** und

- **<4> GRUND-FONT** ändern. Fahren Sie mit dem Cursor zum gewünschten Font und bestätigen Sie den Vorschlag mit <ENTER> (vgl. Bild 64).

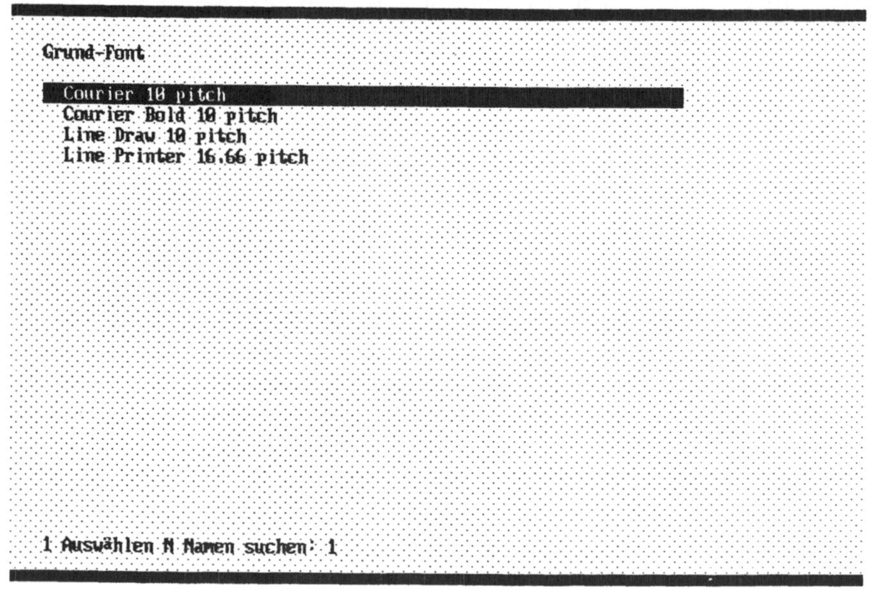

Bild 64: Grund-Font ändern

Der neue Font gilt nun für den weiteren Text. Um wieder zum ursprünglichen Font zurückzukehren, wiederholen Sie die eben geschilderten Schritte.

Wenn Sie grundsätzlich mit einer anderen Schrift schreiben wollen, können Sie einen der aufgeführten Fonts als **aktuellen Font bestimmen.**

- Gehen Sie mit <SHIFT><F7> ins DRUCK-Menü.

- Wählen Sie <D> für DRUCKER AUSWÄHLEN und anschließend

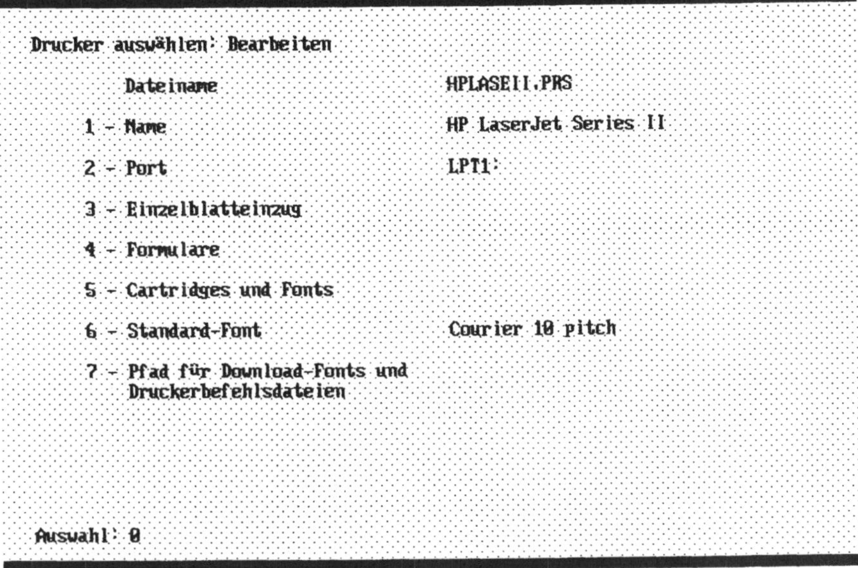

Bild 65: DRUCKER AUSWÄHLEN: BEARBEITEN

- <3> für BEARBEITEN (vgl. Bild 65).

- Geben Sie <6> **STANDARDFONT** ein.

- Steuern Sie den Cursor auf den Font, der in Zukunft Standardfont sein soll.

- Viermaliges Drücken von <ENTER> bestätigt ihre Wahl und bringt Sie in den Text zurück.

Sie können auch die **Fontgröße** und damit die **Gestaltung eines Textes** beeinflussen:

- Geben Sie <CTRL><F8> ein. Damit haben Sie das FONT-Menü aufgerufen.

- Wählen Sie <1> **FONTGRÖßE** oder **GESTALTUNG** <2> und das
  gewünschte Attribut.

- Schreiben Sie Ihren Text.

- Gehen Sie erneut mit <CTRL><F8> ins FONT-Menü und schalten Sie
- mit <4> **GRUNDFONT** wieder auf Normalschrift.

Fontgröße und Gestaltung bei bestehendem Text können Sie ändern, indem Sie
den Text mit <ALT><F4> und Cursor als Block markieren und die eben geschilderten Schritte durchlaufen.

Die **GRÖßE** legt die Höhe einer Zeichenposition in einer Zeile fest. WordPerfect bietet

1 Hoch 2 Tief 3 Fein 4 Klein 5 Groß 6 Sehr groß 7 Super: 0

an.

Mit der **GESTALTUNG** bestimmen Sie die Darstellung eines Textes. Zur
Verfügung stehen

1 fett
2 unterstreichen
3 doppelt unterstreichen
4 kursiv
5 ausgeblendet
6 schattiert
7 Kapitälchen
8 Korrekturkennung
9 Durchstreichen.

FETT kann auch mit <F6> und **UNTERSTREICHEN** mit <F7> aufgerufen
werden.

DRUCKFARBE <CTRL><F8>,<5> ändert die Farbe, in der Ihr Text ausgedruckt werden soll. Allerdings ist dazu notwendig, daß Ihr Drucker die Far-
bausgabe unterstützt (vgl. Bild 66).

HINWEIS:	Bei der Darstellung Ihres Textes kommt es darauf an, welche Möglichkeiten der von Ihnen verwendete Drucker unterstützt und ob der Grundfont in den entsprechenden Punktgrößen zur Verfügung steht. Wenn Sie ausprobieren wollen, welche Attribute unterstützt werden, rufen Sie die **Datei PRINTER.TST** auf und lassen diese ausdrucken.

```
Druckfarbe
                              Primärfarben                    (

                         Rot       Grün       Blau

    1 - Schwarz          0%        0%         0%
    2 - Weiß             100%      100%       100%
    3 - Rot              67%       0%         0%
    4 - Grün             0%        67%        0%
    5 - Blau             0%        0%         67%
    6 - Gelb             67%       67%        0%
    7 - Tiefrot          67%       0%         67%
    8 - Tiefblau         0%        67%        67%
    9 - Orange           67%       25%        0%
    A - Grau             50%       50%        50%
    N - Braun            67%       33%        0%
    D - Andere

    Aktuelle Farbe       0%        0%         0%



    Auswahl: 0
```

Bild 66: Druckfarbe

FORMAT

Mit dem Formatmenü <SHIFT><F8> ändern Sie die in WordPerfect festgelegten Standardvorgaben (vgl. Bild 67).

Bild 67: Formatmenü

Um die **Formatvorgaben** zu **ändern**, steuern Sie den Cursor an die Stelle,
von der ab die Änderung gelten soll:

- Rufen Sie mit <SHIFT><F8> das Formatmenü auf.

- Wählen Sie ZEILE <1>, SEITE <2>, TEXT <3> oder ANDERE <4>.
  Sie gelangen in das entsprechende Untermenü.

- Geben Sie die gewünschte(n) Änderung(en) ein.

- Mit <F7> EXIT kehren Sie in Ihren Text zurück.

HINWEIS: Änderungen im Textformatmenü haben Auswirkungen auf den gesamten Text. Wenn Sie dauerhafte Änderungen wünschen, rufen Sie das Formatmenü über das STARTMENÜ auf und ändern Ihren Vorstellungen entsprechend die Standardvorgaben dauerhaft. Bei den Menüs ZEILE, SEITE und ANDERE werden jeweils versteckte Steuerzeichen in Ihrem Text eingefügt, die Sie über <ALT><F3> **STEUERZEI-CHEN sichtbar machen** können (vgl. Bild 68).

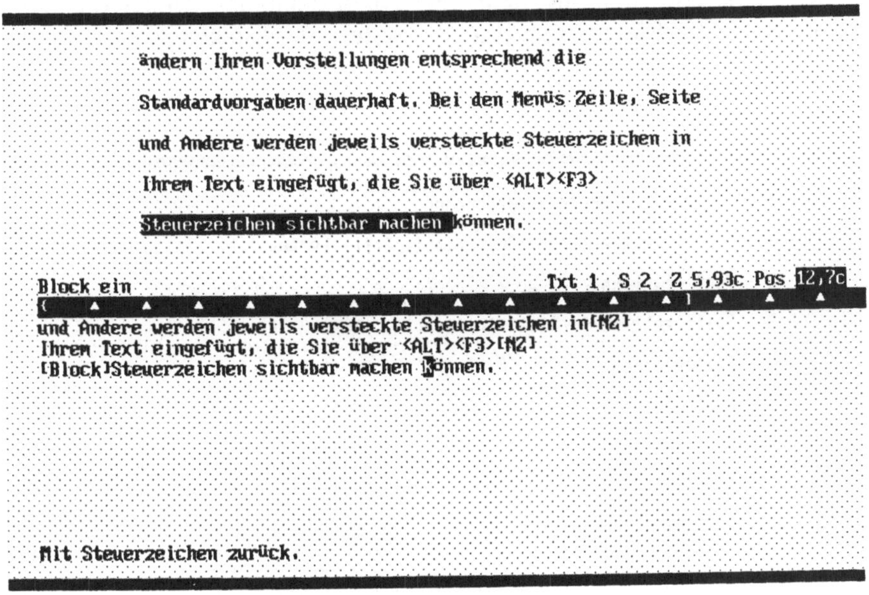

Bild 68: Steuerzeichen sichtbar machen

FORMAT FÜR DIE AKTUELLE SEITE UNTERDRÜCKEN

Um das Format für die aktuelle Seite zu unterdrücken, gehen Sie

- mit <SHIFT><F8> ins Formatmenü,

- wählen SEITE <2> und kommen ins Seitenmenü.

- Mit <9> erreichen Sie dann das Untermenü, das Ihnen die Optionen anbietet, die Sie für die aktuelle Seite unterdrücken können (vgl. Bild 69).

```
Format der aktuellen Seite unterdrücken

     1 - Alle Formatvorgaben (Seitenzahl, Kopf-/Fußtext)

     2 - Kopf-/Fußtext

     3 - Seitenzahl unten Mitte drucken       Nein

     4 - Seitenzahlen                          Nein

     5 - Kopftext A                            Nein

     6 - Kopftext B                            Nein

     7 - Fußtext A                             Nein

     8 - Fußtext B                             Nein




  Auswahl: 0
```

Bild 69: Format unterdrücken

FORMULARE

Wenn Ihr Drucker über mehrere unterschiedliche **Papiereinzüge** (beispielsweise diverse Schächte) verfügt, bietet WordPerfect Ihnen mit der Formularoption die Möglichkeit, diese Papiereinzüge zu definieren und das entsprechende Formular für den Druck auszuwählen. Wenn Sie beispielsweise Briefe auf der Papiergröße A4 schreiben und Ihre Adreßaufkleber die Größe A5 aufweisen, ordnet WordPerfect, wenn es auf einen **"PAPIER: GRÖßE/ART-Code"** trifft, automatisch das richtige Papier dem Druckvorgang zu. Normalerweise richtet sich das Textformat nach einer bestimmten Papiergröße oder einer speziellen Papierart. Standardmäßig arbeitet WordPerfect mit DIN A4.

Wollen Sie eine weitere Formulardefinition hinzufügen, gehen Sie mit

- <SHIFT><F7> ins **Druckmenü**.

- Geben Sie <D> ein, und der - oder die - von Ihnen gewählten Drucker werden aufgezeigt.

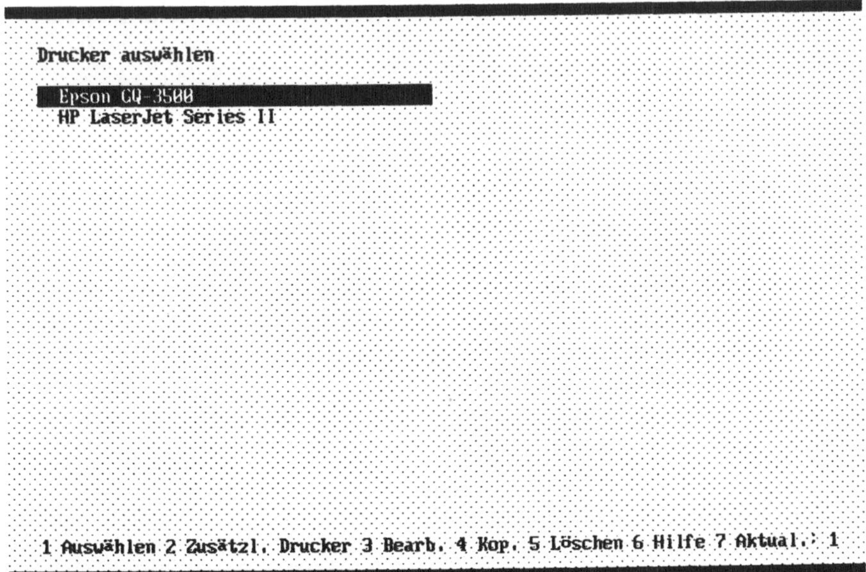

Bild 70: Drucker auswählen

- Steuern Sie den Cursor auf den Drucker, dessen Angaben Sie verändern wollen (vgl. Bild 70).

- Mit <3> kommen Sie ins **Druckerbearbeitungsmenü** (vgl. Bild 71).

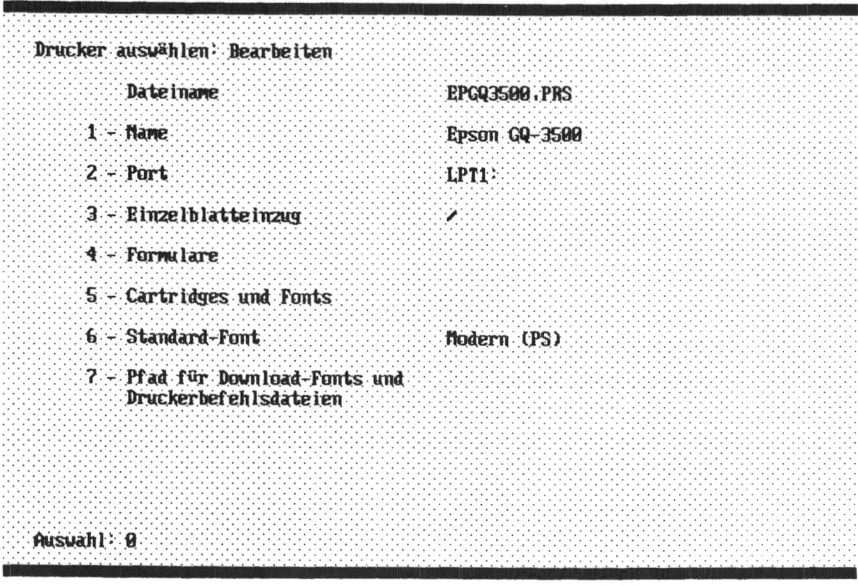

Bild 71: Druckerbearbeitungsmenü

- Geben Sie <4> für **FORMULARE** ein. WordPerfect zeigt Ihnen eine Liste der definierten Formulare.

- Wenn noch keine Formulare für den Drucker eingegeben sind, mit dem Sie arbeiten wollen, oder wenn Sie weitere Formulare hinzufügen wollen, geben Sie <1> ein (vgl. Bild 72).

- Wählen Sie den Formulartyp, indem Sie die entsprechende Nummer eingeben.

- Durch mehrmaliges Drücken von <F7> EXIT verlassen Sie danach das Druckerbearbeitungsmenü und gehen in Ihren Text zurück.

```
Drucker auswählen: Formulare
                                          Richtg Form              Offset
Formular                Größe             H Q    ber. Einzug    Oben   Li/Re

Standard                21c x 29,7c.      J J     J    Endlos    0c      0c
[ALLE ANDEREN]          Breite ≤ 21,59c          N    Manuell   0c      0c




  Ist das gewünschte Formular nicht definiert, stoppt der Druckvorgang, und das
  System wartet auf die Eingabe einer Formulardefinition (ALLE ANDEREN). Wenn
  das gewählte Formular nicht der für diese Option vorgegebenen Größe entspricht,
  wird die maximale Breite vom System eingestellt.

  1 Hinzufügen 2 Löschen 3 Bearbeiten: 3
```

Bild 72: Formular auswählen

Um die **Arbeitsweise von WordPerfect** zu verdeutlichen: Trifft das
Programm auf einen "PAPIER: GRÖßE/ART-Code", dann vergleicht WP die
in diesem Code abgelegten Informationen mit denjenigen, die im Formular-
definitionsprogramm gespeichert wurden, und wählt das passende Papierformat
für den Druckvorgang aus. Entspricht der Änderungscode keinem der gespeicherten Definitionscodes, überprüft WP die Kategorie "ALLE ANDEREN".
Geht die Formulardefinition über die hier gespeicherten Größen hinaus, wählt
WP die Maximalbreite.

Die **Formularoptionen** erstrecken sich auf Papierart und -größe, Art des Ein-
zugs, Angaben zur Font-Druckrichtung sowie Blattkante und Druckränder.

Das Menü **Formulartyp** enthält die gängigsten Formulartypen. Um einen
neuen Typ zu übernehmen, geben Sie einfach die entsprechende Nummer ein.
Über <9> **ANDERE** können Sie zusätzliche Formulartypen definieren, und
<8> **ALLE ANDEREN** enthält Angaben zum Einzug von Formularen.

Die **FORMULARGRÖßE** bezieht sich auf die Abmessung des Papiers in Zentimetern und Millimetern (vgl. Bild 73). Eine Liste der gängigsten Größen wird bei Aufruf des Menüs vom System angeboten. **ANDERE** läßt eine Änderung in jeder gewünschten Weise zu.

```
Drucker auswählen: Formulare
                                        Richtg Form              Offset
Formular                   Größe        H Q    ber. Einzug     Oben    Li/Re

Standard                   21c x 29,7c  J J     J    Endlos     0c      0c
[ALLE ANDEREN]             Breite ≤ 21,59c      N    Manuell    0c      0c




Ist das gewünschte Formular nicht definiert, stoppt der Druckvorgang, und das
System wartet auf die Eingabe einer Formulardefinition (ALLE ANDEREN). Wenn
das gewählte Formular nicht der für diese Option vorgegebenen Größe entspricht,
wird die maximale Breite vom System eingestellt.

1 Hinzufügen 2 Löschen 3 Bearbeiten: 3
```

Bild 73: Formulargröße

Mit **FORMULAR BEREIT** wird bei Beantwortung dieser Option mit <ja> WordPerfect mitgeteilt, daß das Formular beim Ausdrucksvorgang - dem Druckjob - bereitsteht. Wählen Sie <nein>, hält WP, wenn es auf einen "PAPIER: GRÖßE/ART-Code" trifft, an und fordert Sie auf, das entsprechende Formular im Drucker einzuspannen.

PAPIEREINZUG verrät WordPerfect, wo das gewünschte Formular zu finden ist. Sie können zwischen **SCHACHTNUMMER** (Einzelblatteinzug), **MANUELL** und **ENDLOS** wählen.

OFFSET-OBEN, LINKS UND RECHTS bietet Ihnen die Möglichkeit, die Seiten Ihres Textes mit korrekten Rändern auszudrucken, auch wenn die verschiedenen Formulare an einer anderen vertikalen oder horizontalen Position in den Drucker eingezogen werden, beispielsweise bei Briefumschlägen und Briefen. Dabei beziehen sich **positive Druckränder** auf Formulare, die mit der oberen Blattkante über dem Druckkopf oder mit der linken Blattkante rechts vom Druckkopf eingezogen werden. **Negative Druckränder** sind Ränder von Formularen, wenn der Drucker das Blatt so einzieht, daß sich die obere Blattkante unterhalb des Druckkopfs und die linke Blattkante links des Druckkopfs befinden.

Mit **LÖSCHEN** werfen Sie die Formulardefinitionen aus der Auflistung wieder raus:

- Cursor auf die Definition steuern,

- <2> LÖSCHEN wählen

- und mit <ENTER> bestätigen.

FUßNOTE ERSTELLEN

Um eine Fußnote einzufügen, bringen Sie den Cursor an die Stelle, an der die Zahl der Fußnote erscheinen soll.

- Drücken Sie FUßNOTE <CTRL><F7>,<1>,<1>.

- Schreiben Sie den Text der Fußnote.

- Gehen Sie mit EXIT <F7> in Ihren Text.

WordPerfect numeriert Fußnoten automatisch.

FUßNOTEN UND ENDNOTEN

Fußnoten und Endnoten werden in erster Linie in wissenschaftlichen Arbeiten verwendet, wenn es darauf ankommt, Fundorte von Zitaten zu belegen oder auf Verweise aufmerksam zu machen. Die Fußnote steht am unteren Rand der Seite des laufenden Textes, die Endnote am Ende des jeweiligen Kapitels.

WordPerfect bietet eine sehr komfortable Fuß- und Endnotenverwaltung. So kann der Zeilenabstand innerhalb der Fuß- und Endnoten ebenso eingestellt werden wie die Anzahl der zusammenhängenden Zeilen. Standardmäßig beträgt der Zeilenabstand 1 Zeile. Die Fußnoten werden entweder durch den ganzen Text fortlaufend numeriert oder auf jeder Seite von neuem. Fußnotenziffern können Ziffern, Kleinbuchstaben und Sonderzeichen sein. Für die Numerierung der Endnoten gilt dasselbe. WordPerfect numeriert Fuß- und Endnoten standardmäßig mit hochgestellten arabischen Ziffern. Das Programm sortiert Fuß- und Endnoten gleichzeitig und fügt einen entsprechenden Steuercode ein, damit bei einem Seitenumbruch die Anmerkungen nach wie vor auf der richtigen Seite plaziert werden. Aus Gründen der Übersichtlichkeit sollte man für Fußnoten eine andere Numerierung wählen als für Endnoten.

Bei Fußnoten ist zu beachten, daß die Zeilen, die sie benötigen, von den Zeilen abzurechnen sind, die insgesamt für eine Seite zur Verfügung stehen. In der Standardeinstellung sind das 58 Druckzeilen.

Erstellen und Ändern von Fuß- und Endnoten

Beim Erstellen von Fußnoten fahren Sie mit dem Cursor unmittelbar hinter den Text, der mit einem Fußnotenverweis versehen werden soll.

- Drücken Sie bitte <CTRL><F7>, und in der Statuszeile taucht das Fußnotenmenü auf:

1 Fußnote 2 Endnote 3 Endnotenplazierung: 0

- Geben Sie <1> ein, und Sie haben folgende Auswahl:

Fußnote: 1 Erstellen **2** Bearbeiten **3** Neue Nummer **4** Optionen:

- Wählen Sie <1>, dann erscheint auf Ihrem Monitor folgendes Bild (vgl. Bild 74):

Bild 74: Erstellen einer Fußnote

Wenn Sie nun hinter der "1" schreiben <Hier steht die erste Fußnote.>, haben Sie problemlos Ihre Fußnote erstellt.

- Mit EXIT <F7> kehren Sie in den Text zurück.

WordPerfect hat Ihre Fußnotennummer in den Text eingefügt. Wenn Sie sich überzeugen wollen, welchen Text diese Fußnote enthält,

- drücken Sie die Tastenkombination STEUERZEICHEN <ALT><F3>, dann werden die ersten fünfzig Buchstaben des Fußnotentextes gezeigt.

Wenn der Text länger ist, oder Sie ihn bearbeiten wollen,

- dann können Sie sich die Fußnote mit <CTRL><F7>,<1>,<2> auf den Bildschirm holen.

Das Einfügen und Ändern von Endnoten unterscheidet sich von der Bearbeitung der Fußnoten nur insoweit, als man nach Drücken von <CTRL><F7> die Option ENDNOTE <2> eingibt.

Änderung der Standardvorgaben bei Fuß- und Endnoten

Wissenschaftler haben sich im Laufe der Zeit häufig eine bestimmte Art der Fußnotenbezeichnung angeeignet. WordPerfect bietet hier die Möglichkeit, die Standardvorgaben bei der Erstellung von Fuß- und Endnoten zu ändern.

- Drücken Sie bitte die Tastenkombination <CTRL><F7>,<1>,<4>, dann erscheint auf Ihrem Bildschirm das Menü **"Fußnotenoptionen"** (vgl. Bild 75).

```
Fußnotenoptionen

    1 - Zeilenabstand in Fußnoten              1
               zwischen Fußnoten               0,42c

    2 - Zusammenzuhaltender Fußnotentext       1,27c

    3 - Gestaltung d. Fußnotennr. in Text      [HOCH][End-/Fußnnr.][hoch]

    4 - Gestaltung d. Fußnotennr. in Fußn.     [HOCH][End-/Fußnnr.][hoch]

    5 - Art der Fußnotennumerierung            Zahlen

    6 - Neue Fußnotennr. jede Seite            Nein

    7 - Linie zwischen Text und Fußnoten       5-c-Linie (2 Zoll)

    8 - Drucken: "Fortsetzung nächste Seite"   Nein

    9 - Fußnoten am Seitenende                 Ja



    Auswahl: 0
```

Bild 75: Menü "Fußnotenoptionen"

- Mit <1> ändern Sie den vorgegebenen einzeiligen Zeilenabstand und können die Leerzeilen zwischen den einzelnen Fuß-und Endnoten bestimmen.

- <2> bestimmt, wie viele Zeilen zusammengehalten werden sollen.

- Mit <3> können Sie die Gestaltung der Fuß-/Endnote im Text bestimmen. Vorgabe ist die Hochstellung, Sie können aber jedes beliebige Zeichen wählen.

- Mit <4> können Sie entsprechend wie in <3> die Gestaltung der Fuß-/Endnote in der Fuß-/Endnote bestimmen.

- <5> ändert die Numerierungsart Ihrer Fuß- und Endnoten. Sie können Zahlen, Buchstaben oder beliebige Zeichen wählen.

- Mit <6> können Sie bestimmen, ob die Fuß- bzw. Endnotennumerierung auf jeder Seite neu beginnen oder fortlaufend für den Text erfolgen soll.

- Mit <7> bestimmen Sie den Separator zwischen Text und Fußnoten: keine Linie, eine 5cm lange Linie oder eine Linie über die gesamte Zeile.

- Mit <8> können Sie festlegen, daß Fußnoten, die auf der nächsten Seite fortgeführt werden, auf der ersten Seite mit "Fortsetzung..." enden und auf der folgenden Seite mit "...Fortsetzung" beginnen.

- <9> legt die Fußnotenplazierung fest für nicht vollständig beschriebene Seiten.

FUß- BZW. ENDNOTE LÖSCHEN

Eine Fuß- und Endnote können Sie löschen, indem Sie den Cursor auf die betreffende Fuß- bzw. Endnote plazieren und die Taste <DEL> drücken. WordPerfect wird Sie fragen:

Löschen [Fußnote]? (J/N) Nein

Wenn Sie sicher sind, geben Sie <J> ein. Die übrigen Fußnoten werden korrekt umnumeriert.

FUßNOTENNUMMERN ÄNDERN

In Ihrem Text können Sie jederzeit die Nummern der Fußnoten ändern. - Drücken Sie <CTRL><F7>,<1>,<3> und vereinbaren Sie auf die Frage

Fußnotennummer?

eine neue Nummer. Bestätigen Sie den Befehl mit <ENTER>.

WordPerfect sortiert die übrigen Nummern um.

GESTALTUNG VON ATTRIBUTEN

WordPerfect bietet Ihnen verschiedene Möglichkeiten, auf einfache Weise Attribute zu gestalten.

- Wählen Sie mit <CTRL><F8> das entsprechende Menü, und

- geben Sie <2> ein. Sie haben die Wahl zwischen

    1 Fett, 2 Unterstreichen, 3 Doppelt Unterstreichen, 4 Kursiv,
    5 Ausgeblendet, 6 Schattiert, 7 Kapitälchen, 8 Korrigieren und
    9 Durchstreichen.

Möglicherweise wird Ihr Drucker nicht sämtliche Attribute unterstützen. Wenn Sie sich vergewissern wollen, welche Arten des Ausdrucks Ihnen zur Verfügung stehen, lassen Sie aus dem Dateiverzeichnis die PRINTER.TST-Datei ausdrucken.

GO SENDEN

Wenn Sie das Ausdrucken von Text unterbrochen haben, müssen Sie an den Drucker ein "GO" eingeben, damit dieser die Arbeit wieder aufnimmt.

- Drücken Sie DRUCK <SHIFT><F7>,<4> und geben <4> ein (vgl. Bild 76).

```
Druckerkontrolle

Aktueller Job:

Nummer:       /                        Seite:        /
Status:       keine Druckjobs          Akt. Kopie:   /
Hinweis:      /
Papier:       /
Einzug:       /
Bemerkung:    /


Jobliste

Job  Datei                 Bestimmung          Optionen




Nicht angezeigte Jobs:       0




 1 Job(s) stornieren 2 Job vorziehen 3 Job anzeigen 4 Go (Start) 5 Stop: 0
```

Bild 76: Drucker weiterdrucken lassen

GROß/KLEINSCHREIBUNG

Wenn Sie Text in Großbuchstaben schreiben möchten, ohne die <SHIFT>-Taste zu betätigen,

- drücken Sie die <CAPS LOCK>-Taste und schreiben Ihren Text.

Allerdings wird - je nach Tastatur - die Zahlen- und Sonderzeichenreihe nicht mitumgeschaltet.

- Durch erneutes Drücken der <CAPS LOCK>-Taste schalten Sie die Funktion wieder aus.

Darüber hinaus können Sie jedoch auch einen bereits geschriebenen Text nachträglich in Groß- bzw. Kleinbuchstaben umwandeln.

- Kennzeichnen Sie den betreffenden Textabschnitt mit <ALT><F4> als BLOCK.

- Wählen Sie mit <SHIFT><F3> UMSCHALTEN.

- Geben Sie <1> für GROßschreibung oder <2> für KLEINschreibung ein.

Dabei wird bei der Konvertierung von Groß- in Kleinbuchstaben eine Großschreibung am Wortanfang nicht berücksichtigt.

HAUPTDOKUMENT

Besonders wenn Sie oft mit langen Texten arbeiten müssen - und dabei längere Wartezeiten beim Abspeichern oder Umformatieren in Kauf nehmen müssen -, bietet WordPerfect 5.0 jetzt eine interessante Option, diese Schwierigkeiten elegant zu umgehen: die Unterteilung in Haupt- und Teildokumente.

Ein **Hauptdokument** ist eine kleine, leichter zu bearbeitende Datei, die aus mehreren Teildokumenten bestehen kann.

Teildokumente werden mittels Steuerzeichen in ein Hauptdokument eingefügt und lassen sich, wenn sie bearbeitet werden sollen, auch ebenso leicht wieder vom Hauptdokument trennen.

Numerierungs- und Formatierungscodes können sowohl in ein Haupt- als auch in ein Teildokument eingefügt werden und gelten dann für das gesamte Hauptdokument.

Um ein **Hauptdokument** zu **erstellen**

- geben Sie in gewohnter Weise Ihren Text ein und fügen dann, um ein Teildokument aufzunehmen,

- den Cursor an die entsprechende Stelle des Textes.

- Jetzt rufen Sie mit <ALT><F5> TEXT MARKIEREN auf und

- wählen mit <2> TEILDOKUMENT.

- Geben Sie den Namen der Datei, die fortan Teildokument sein soll, ein.

WordPerfect setzt an der Cursorposition den Code für Teildokument ein. Auf dem Monitor sehen Sie eine Box mit: *Teilddok.: dateiname.* Erweitern Sie das Hauptdokument, wird an dieser Stelle automatisch die entsprechende Datei eingefügt. Dazu

- wählen Sie <ALT><F5> TEXT MARKIEREN,

- drücken <6> ERSTELLEN (vgl. Bild 77) und

- wählen <3>) HAUPTDOKUMENT ERWEITERN.

Dabei wird die Box *Teildok: dateiname* durch eine andere Box *Start Teildok.: dateiname* ersetzt. Es folgt der entsprechende Text.

Bild 77: Hauptdokument bearbeiten

WordPerfect verwaltet eine beliebige Anzahl dieser Teildokumente-Codes. Sie können aber auch das Hauptdokument in einem übergeordneten Hauptdokument als Teildokument erscheinen lassen. Im Rahmen des Hauptdokuments können Sie sämtliche Textteile bearbeiten, auch solche der Teildokumente. Wenn Sie das Hauptdokument speichern oder komprimieren, können Sie die Änderungen ebenfalls sichern.

Wenn Sie sich in einem erweiterten Hauptdokument befinden und <F7> EXIT oder <F10> SICHERN aufrufen, fragt WordPerfect: *Hauptdokument erweitert, komprimieren? (J/N) Nein.* Soll das Hauptdokument komprimiert werden, geben Sie <Ja> ein.

HINWEIS: Bevor das Hauptdokument in voller Länge ausgedruckt werden kann, muß es zuerst erweitert werden. Ansonsten wird die komprimierte Fassung ausgedruckt.

Wenn das **Hauptdokument komprimiert** wird, ersetzt das Programm den Text eines jeden Teildokuments durch den entsprechenden Code. Um das zu veranlassen,

- geben Sie <ALT><F5> TEXT MARKIEREN ein.

- Wählen Sie <6> ERSTELLEN und anschließend

- HAUPTDOKUMENT KOMPRIMIEREN <4>.

Wenn Sie nun bei der Frage *Teildokumente sichern? (J/N) Ja* <nein> eingeben, löschen Sie sämtliche Teildokumente aus dem Hauptdokument, ohne sie zu sichern. Geben Sie <Ja> ein, werden die Teildokumente vor dem Entfernen aus dem Hauptdokument gesichert. In diesem Fall vergewissert sich das Programm, ob bereits entsprechende Dateien bestehen und erkundigt sich - wenn das der Fall sein sollte - mit *Überschreiben Dateiname?* Wenn Sie jetzt <Ja> tippen, wird diese Datei überschrieben, bei <Nein> können Sie den Dateinamen ändern; bestätigen Sie anschließend mit <ENTER>.

Wollen Sie sämtliche Dateien ohne vorherige Vergewisserung überschreiben, wählen Sie ALLE ÜBRIGEN ERSETZEN.

Wenn Sie das Hauptdokument beim Erstellen erweitert haben, erscheint auf Ihrem Monitor die Frage: ***Teildokumente aktualisieren? (J/N) Ja.*** Um die Teildokumente ohne zu sichern aus dem Hauptdokument rauszuwerfen, tippen Sie <Nein>. Wenn Sie, was sich normalerweise empfiehlt, die Teildokumente vor dem Löschen auf Datenträger sichern wollen, geben Sie <Ja> ein.

HINWEIS: **Codes für Fuß- und Endnoten, Numerierungs- und Optionscodes für Grafikboxen** sowie sonstige Codes zur Seiten-, Absatz- und Zeilennumerierung können an beliebiger Stelle entweder im Haupt- oder auch im Teildokument eingefügt werden. Diese Codes verhalten sich - wenn das Hauptdokument erweitert wird - entsprechend denjenigen eines einzelnen Textes, der in WordPerfect geschrieben und bearbeitet wurde.

Listen, Verzeichnisse und Indizes sollten möglichst im Hauptdokument erstellt werden.

HEFTRAND

Die Funktion Heftrand verschiebt den Text beim Ausdruck. Auf gerade numerierten Seiten wird der Text nach links, auf ungeraden Seiten nach rechts verschoben. Dies erleichtert die Lochung der Seiten.

- Drücken Sie DRUCK <SHIFT><F7> und wählen Sie HEFTRAND <H> (vgl. Bild 78).

- Geben Sie die Größe des Heftrands an.

- EXIT <F7> bringt Sie in den aktuellen Text zurück.

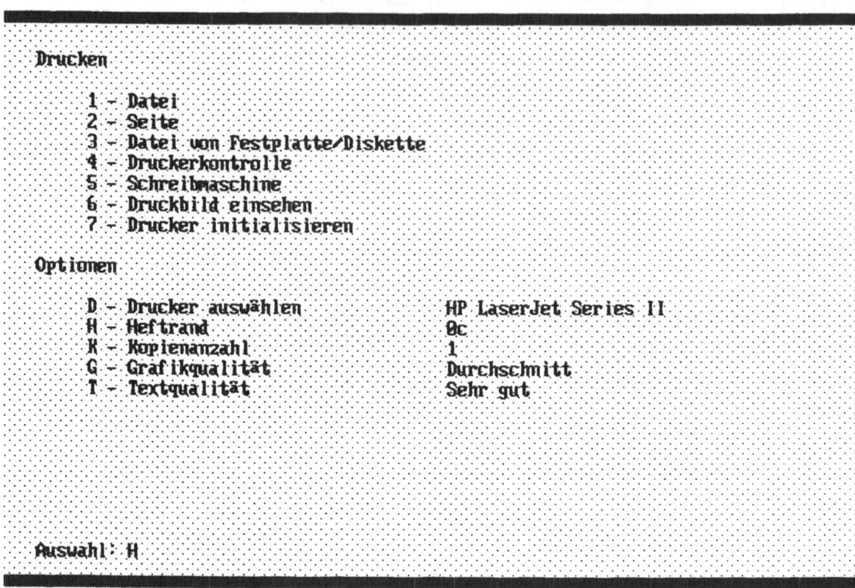

Bild 78: Heftrand bestimmen

HILFE

WordPerfect bietet Ihnen mit der Taste HILFE <F3> Unterstützung für den
Fall an, daß Sie mit irgendeiner Funktion nichts anzufangen wissen. Sie haben
dabei zwei Möglichkeiten:

- Wenn Sie <F3> eingeben (vgl. Bild 79), gefolgt von einem Buchstaben
  des Alphabets, bringt Ihnen WordPerfect eine Liste aller Funktionen,
  die mit diesem Buchstaben beginnen.

```
 Hilfe              Lizenznr.:  WP9991234567              WP 5.0   26/01/89

   Rufen Sie mit einer beliebigen Buchstabentaste eine alphabetische
   Liste der Funktionen auf.

      Diese Liste umfaßt alle mit dem betreffenden Buchstaben
      beginnenden Funktionen und gibt an, wie sie aufgerufen
      werden. Wenn Sie diese Taste(n) drücken, erhalten Sie eine
      Funktionsbeschreibung.

   Funktionstaste drücken und Informationen über die betreffende Funktion
   abrufen.

      Bei einigen Funktionstasten können Sie sich mit Hilfe von Untermenüs
      genauer über die verschiedenen Optionen informieren.

      Durch nochmaliges Betätigen der Hilfetaste rufen Sie eine Abbildung
      der Tastaturschablone auf den Bildschirm.


   Mit Enter oder Leertaste Hilfe verlassen.
```

Bild 79: Hilfefunktionen

- Sie können aber auch gezielt vorgehen: Geben Sie nach Eingabe von
  <F3> die genaue Funktion (Tastenfolge eingeben!) an, die Sie ansteuern wollen, dann kommentiert WordPerfect genau diese Funktion.

- Mit <LEERSCHRITT> oder <ENTER> gelangen Sie wieder in den
  normalen Text.

HILFEDATEIEN

Bestimmte Funktionen bei WordPerfect benötigen Hilfedateien. Sie haben die Möglichkeit, festzulegen, wo und unter welchem Namen diese Hilfedateien abgelegt werden sollen.

- Rufen Sie das STARTMENÜ mit <SHIFT><F1> auf und wählen PFAD ZU DEN HILFEDATEIEN <7>. Es erscheint folgendes Menü (vgl. Bild 80):

```
Startmenü: Pfad zu den Hilfedateien

    1 - Backup-Verzeichnis

    2 - Trennmodul(e)

    3 - Tastatur-/Macrodateien

    4 - Lexikon/Lexika

    5 - Druckerdateien                    C:\LIBRARY\WP50

    6 - Style-Bibliothek

    7 - Ergänzungslexikon/-lexika

    8 - Thesaurus




Auswahl: 0
```

Bild 80: Pfad zu den Hilfedateien

1 BACKUP-VERZEICHNIS

Hier sind die Dateien abgelegt, die mit dem automatischen Backup erstellt wurden. Sie haben die Endung '.BK!'.

2 TRENNMODUL(E)

Die Dateien WP{WP}DE.HYD und WP{WP}DE.HYC werden während der automatischen Silbentrennung benötigt.

3 TASTATUR-/MACRODATEIEN

Tastaturdateien erhalten die Endung '.WPK', Macrodateien '.WPM' und Resourcedateien '.MRS'.

4 LEXIKON/LEXIKA

Die Datei WP{WP}DE.LEX wird bei der Rechtschreibprüfung von Texten benötigt.

5 DRUCKERDATEIEN

Dateien mit der Endung '.PRS' werden bei der Druckerauswahl angelegt; sie werden bei der Erstellung von Texten und der Definition von Druckern gebraucht.

6 STYLE-BIBLIOTHEK

In diesem Verzeichnis sind die Style-Standardvorgaben gespeichert.

7 ERGÄNZUNGSLEXIKON-/LEXIKA

WP{WP}DE.SUP-Dateien werden bei der Lexikon-Funktion benötigt.

8 THESAURUS

Die Datei WP{WP}DE.THS wird von der Thesaurus-Funktion benutzt.

- Wählen Sie eine Hilfedatei und geben Sie das Verzeichnis oder einen Namen ein.

- Mit EXIT <F7> verlassen Sie das Startmenü wieder.

HOCH/TIEF

Diese Funktion stellt entweder ein Zeichen oder einen als Block markierten
Text hoch oder tief. Die Art der Hoch- oder Tiefstellung hängt von Ihrem
Drucker ab.

- Drücken Sie <CTRL><F8>,<1> (vgl. Bild 81).

- Geben Sie <1> für Hoch oder <2> für Tief ein.

- Geben Sie das Zeichen ein.

- Wenn Sie eine Zeichenfolge hoch- oder tiefstellen wollen, markieren
  Sie diese Zeichenfolge als Block <ALT><F4> und geben dann
  <CTRL><F8>,<1> oder <2> an.

1 Hoch 2 Tief 3 Fein 4 Klein 5 Groß 6 Sehr groß 7 Super: 0

Bild 81: Zeichenfolge gestalten

INDEX

Mit WordPerfect ist eine automatische Indexerstellung möglich:

- Bringen Sie den Cursor auf den Begriff, den Sie in den Index übernehmen wollen, und drücken Sie TEXT MARKIEREN <ALT><F5>.

- Drücken Sie <3> für INDEX (vgl. Bild 82).

- Mit <ENTER> übernehmen Sie den betreffenden Begriff.

- Wiederholen Sie diesen Vorgang, bis alle Begriffe übernommen sind.

```
Indexerstellung möglich:*

*

      -    Bringen Sie den Cursor auf den Begriff, den

           Sie in den Index übernehmen wollen.*

      -    Drücken sie TEXT MARKIEREN <ALT><F5>.*

      -    Drücken Sie <3> für INDEX.*

      -    Mit <ENTER> übernehmen Sie den betreffenden

           Begriff.*

      -    Wiederholen Sie diesen Vorgang, bis alle

           Begriffe übernommen sind.*

*

*
1 Textverweis 2 Teildok. 3 Index 4 Quelle: Kurzform 5 Def. 6 Erstellen: 0
```

Bild 82: Index erstellen

Siehe: Stichwortverzeichnis.

INHALTSVERZEICHNIS

Wenn Sie für einen längeren Text ein Inhaltsverzeichnis erstellen wollen,

- steuern Sie den Cursor auf den entsprechenden Begriff, der übernommen werden soll.

- Markieren Sie den Begriff mit der Funktion BLOCK <ALT><F4> und Cursorsteuerung.

- Drücken Sie TEXT MARKIEREN <ALT><F5>.

- Geben Sie <1> für INHALTSVERZEICHNIS ein.

- Definieren Sie die Stufe - 5 Stufen sind möglich.

KENNWORT

Immer leistungsfähigere Personal-Computer haben bewirkt, daß die Geräte mehr und mehr im professionellen Bereich eingesetzt werden. Auf PCs werden hochbrisante Daten verwaltet, und diesem Umstand hat WordPerfect mit der Einführung eines Kennwortschutzes Rechnung getragen. Damit können Sie ihren Text schützen und so sperren, daß ohne Kenntnis des Schlüsselworts niemand Ihren Text ausdrucken oder die entsprechende Datei laden kann. Wenn Sie bereits geschriebenen Text mit einem Kennwort verschlüsseln, dann ist nur dieser eine Text gesperrt.

Wenn Sie jedoch diesen Text laden, bearbeiten und erneut speichern, dann verschlüsselt WordPerfect nicht nur den endgültigen Text, sondern sämtliche Dateien, die mit diesem Text in irgendeinem Zusammenhang stehen (Backup-Dateien, temporäre Dateien, virtuelle Dateien und natürlich die Originaldateien auf Festplatte und Floppy).

Um ein Kennwort zu vergeben,

- rufen Sie mit <CTRL><F5> TEXT EIN/AUS auf,

- wählen mit <2> **KENNWORT** und

- anschließend mit <1> **VERGEBEN**.

- Geben Sie nun Ihr Kennwort <u>zweimal</u> ein.

Das Kennwort wird auf dem Bildschirm nicht angezeigt. Damit WordPerfect Ihr Kennwort der richtigen Datei zuordnen kann - wobei eine Schlüssigkeits-prüfung stattfindet - ist diese Doppeleingabe notwendig.

HINWEIS: Das Kennwort kann bis zu vierundzwanzig Buchstaben umfassen. Bei gesperrtem Text und Eingabe des falschen Kennworts gibt WordPerfect die Meldung: *Gesperrte Datei.*

ACHTUNG: **Wenn Sie Ihr Kennwort vergessen, gibt es über Word-
                  Perfect keine Möglichkeit, die gesperrte Datei zu laden.**

Um den **Kennwortschutz** zu **löschen**,

- wiederholen Sie die oben geschilderten Schritte und wählen auf der
  letzten Stufe mit <2> **KENNWORT LÖSCHEN.**

KERNING

Kerning, ein Begriff aus dem Druckgewerbe, bezeichnet die Reduzierung von
Abständen zwischen zwei Buchstaben (sog. Unterschneiden). Der Text wirkt
dadurch, wenn ausgedruckt, besser lesbar.

Um die Kerning-Funktion einzuschalten:

- Steuern Sie den Cursor an die Stelle, von der ab Sie mit Kerning arbeiten wollen.

- Rufen Sie mit <SHIFT><F8> FORMAT auf.

- Wählen Sie mit <4> ANDERE und dann

- mit <6> DRUCKERFUNKTION.

- Aktivieren Sie mit <1> und

- <Ja> KERNING.

Wenn Sie Kerning ausschalten wollen,

- beantworten Sie die letzte Frage mit <Nein> oder <N>.

- Über <F7> kehren Sie in Ihren Text zurück.

HINWEIS: Nicht alle Fonts können mit der Kerning-Funktion bearbeitet werden. Nur wenige Fonts sind mit Kerningtabellen definiert. Welche Buchstabenkombinationen Kerning-fähig sind, ist in der Datei .PRS festgelegt.

KONKORDANZDATEI

Wenn Sie lange Texte schreiben, vor allem wissenschaftliche Aufsätze und Bücher, und der Index Wörter enthalten wird, die sich im Text sehr oft wiederholen, dann ist es vorteilhaft, mit einer **Konkordanzdatei** zu arbeiten, in die sie diese Wörter und Begriffe zur Indexierung aufnehmen.

Wenn der Index erstellt wird, durchsucht Wordperfect den Manuskripttext nach Stichworten oder Begriffen, die in der Konkordanzdatei abgelegt wurden. Die entsprechenden Worte und Begriffe werden zusammen mit den von Ihnen in Ihrem Text extra gekennzeichneten Worten und Begriffen in den Index überführt.

Das Arbeiten mit der Konkordanzdatei hat den Vorteil, daß Sie einen bestimmten Begriff nur einmal kennzeichnen müssen und nicht jedesmal, wenn er im Text auftaucht. Eine Konkordanzdatei unterscheidet sich nur unwesentlich von einer normalen Textdatei. Sie müssen lediglich darauf achten, daß Sie jeden Eintrag durch Drücken von <ENTER> mit einer festen neuen Zeile [FNZ] abschließen. Der Indexeintrag kann beliebig lang sein, selbst über mehrere Zeilen gehen.

HINWEIS: Die Indexerstellung ist speicheraufwendig. Wenn die Zahl der Indexeinträge in der Konkordanzdatei zu hoch ist, gibt WordPerfect eine Fehlermeldung aus, daß nicht genug Speicherplatz zur Verfügung steht, und erkundigt sich, ob Sie die Arbeit fortsetzten wollen, oder nicht. Wenn Sie mit <Ja> antworten, werden die bis dahin abgefragten Einträge aus der Konkordanzdatei in den Index übernommen, bei <Nein> bricht WordPerfect die Indexerstellung ab.

Wenn Sie einen Index erstellen, bittet WordPerfect um die Angabe der Konkordanzdatei. Haben Sie keine entsprechende Datei erstellt, gehen Sie mit <ENTER> über diese Frage hinweg. Wenn ein Begriff oder ein Wort im Text mit einem Eintrag in der Konkordanzdatei übereinstimmt, nimmt WordPerfect diesen in den Index auf. Wenn weiter keine Indexmarkierungen vorliegen, wird der Begriff aus der Konkordanzdatei als Hauptstichwort aufgenommen.

KONVERTIERUNG KLEIN/GROß

Sie können eine mit Kleinbuchstaben geschriebene Passage ohne viel Mühe in Großschreibung umwandeln und umgekehrt.

- Markieren Sie den Text mit der Blockfunktion <ALT><F4> und Cursorsteuerung.

- Drücken Sie UMSCHALTEN <SHIFT><F3> und wählen Sie <1> für Großbuchstaben und <2> für Kleinbuchstaben.

Bei der Umwandlung von Großbuchstaben in Kleinbuchstaben ist zu beachten, daß alle Buchstaben, auch Wörter am Satzanfang und Substantive, klein geschrieben werden.

KOPF- UND FUßTEXT

In längeren Texten, wie beispielsweise Büchern, dient Kopf-und Fußtext dazu, regelmäßig wiederkehrende Informationen unterzubringen - etwa das jeweilige Kapitel zusammen mit der aktuellen Seitenzahl. WordPerfect kann solche Textinformationen wahlweise auf jeder Seite, jeder geraden oder jeder ungeraden Seite ausdrucken.

Bei der Erstellung von Kopf- bzw. Fußtext bietet das Programm eine enorme Gestaltungsfreiheit. Die Zeilen können übrigens genauso bearbeitet werden wie "normaler" Text.

- Durch Drücken der Tastenkombination <SHIFT><F8>,<2> und <3> oder <4> gelangen Sie in das Untermenü zur Kopf-/Fußzeilen-Spezifikation.

Aus dem Menü ist leicht ersichtlich, daß Sie jeweils zwei Kopf- und/oder Fußzeilen (A und B) verwalten können. Die Verwendung zweier verschiedener Kopfzeilen bietet sich immer dann an, wenn die beiden Texte nicht identisch sind - wenn zum Beispiel auf der linken Seite eines Buches die Kapitelnummer stehen soll und auf der rechten die Kapitelüberschrift.

Kopf- und Fußzeilen werden, während Sie mit Ihrem Text arbeiten, nicht mehr angezeigt, so daß Sie sich bitte daran erinnern, daß die Zeilen, die Sie für die Einrichtung verbraucht haben, beim Ausdruck nicht mehr zur Verfügung stehen.

- Mit der Tastenkombination STEUERZEICHEN <ALT><F3> können Sie jedoch jederzeit die ersten 50 Zeichen jeder dieser Zeilen sichtbar machen.

Wenn Sie Ihren Kopf-/Fußtext zusammen mit Ihrem Text ansehen möchten,

- drücken Sie DRUCKBILD EINSEHEN <SHIFT><F7>,<6>.

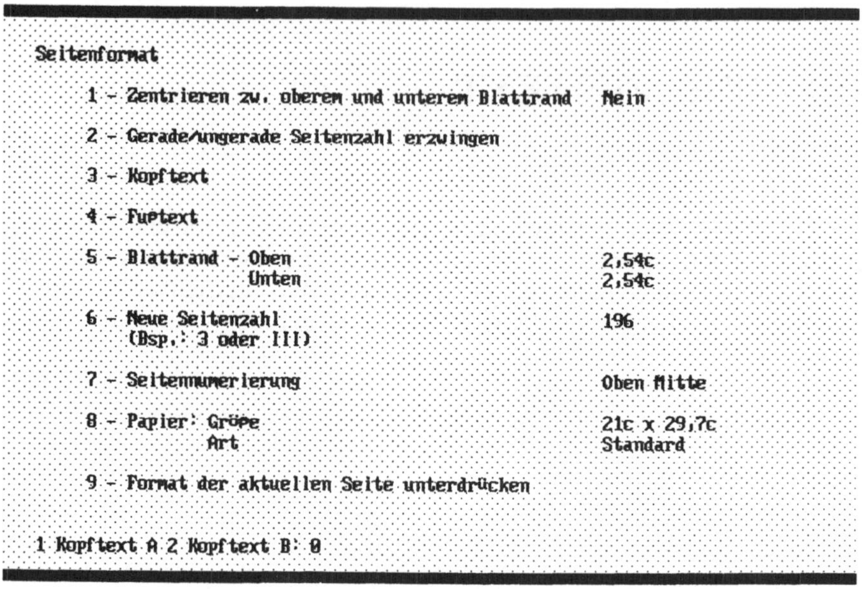

Bild 83: Kopf/Fußtext erstellen

Beim Erstellen von Kopf- bzw. Fußtext gehen Sie bitte folgendermaßen vor:

- Steuern Sie den Cursor an den Anfang der Seite, die mit einem Kopf- bzw. Fußtext versehen werden soll.

- Rufen Sie mit FORMAT <SHIFT><F8> das Formatmenü auf und wählen SEITE <2>, dann <3> für KOPFTEXT oder <4> für FUßTEXT (vgl. Bild 83).

- Wählen Sie Kopf-/Fußtext A oder B.

- Nun können Sie bestimmen, auf welchen Seiten der Kopf-/Fußtext erscheinen soll.

- Jetzt erscheint ein spezieller Bearbeitungsbildschirm, in dem Sie Ihren Kopf-/Fußtext eingeben.

- Anschließend sichern Sie Ihren Kopf-/Fußtext mit EXIT <F7> und kehren durch nochmaliges Drücken von EXIT <F7> zum Text zurück.

Kopf- und Fußtext läßt sich nur im Rahmen der sichtbar gemachten Steuerzeichen löschen.

- Gehen Sie mit dem Cursor an die Stelle, wo Sie den Kopf-/Fußtext angeordnet haben und drücken Sie <ALT><F3>.

Auf dem Monitor erscheint nun das Zeichenlineal und darunter die Kopf-/Fußzeile.

- Wenn Sie den Cursor nun vor den Text der Zeile steuern, löschen Sie mit <DEL>, wenn der Cursor hinter der Zeile steht, löschen Sie mit <BACKSPACE>.

Kombination von Kopf-/Fußzeilen und Seitenzahlen

Wenn Sie Ihren Text mit Kopf- bzw. Fußtext versehen und die Seiten gleichzeitig durchnumerieren wollen, haben Sie die Möglichkeit, die Zeile, in der normalerweise die Seitenzahl steht, zu sparen.

- Dazu geben Sie beim Erstellen des Kopf-/Fußtextes auf derselben Zeile, an der Stelle, an der Sie die Seitenzahl positionieren wollen, <CTRL><B> ein (vgl. Bild 84).

Kapitel 3   Seite ^B

Mit Exit verlassen.   Z 5,25c Pos 4,3c

Bild 84: Kopftext und Seitenzahl

KOPIENANZAHL

Mit <SHIFT><F7> gelangen Sie ins Menü '**Druckoptionen**' (vgl. Bild 85).
Normalerweise wird nur eine Kopie ausgedruckt. Sie können jedoch durch
Eingabe einer Zahl die Anzahl der Kopien bestimmen, die beim Druckbefehl
<SHIFT><F7>,<1> oder <2> ausgegeben wird.

```
Drucken

     1 - Datei
     2 - Seite
     3 - Datei von Festplatte/Diskette
     4 - Druckerkontrolle
     5 - Schreibmaschine
     6 - Druckbild einsehen
     7 - Drucker initialisieren

Optionen

     D - Drucker auswählen          HP LaserJet Series II
     H - Heftrand                   0c
     K - Kopienanzahl               200
     G - Grafikqualität             Durchschnitt
     T - Textqualität               Sehr gut




  Auswahl: k
```

Bild 85: Kopienzahl bestimmen

KOPIEREN AUS DATEIVERZEICHNIS

Wenn Sie eine Datei von einer Diskette auf eine andere kopieren wollen (oder in ein anderes Verzeichnis),

- gehen Sie mit <F5>,<ENTER> ins Dateiverzeichnis und drücken Sie die Option <8> vgl. Bild 86).

- Geben Sie das Ziellaufwerk bzw. das Zielverzeichnis an.

- Bestätigen sie mit <ENTER>.

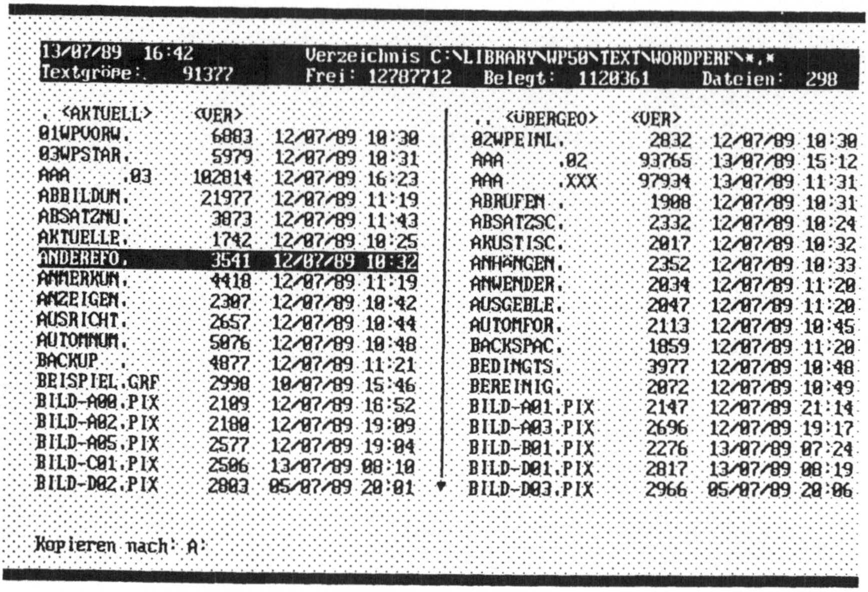

Bild 86: Kopieren aus Dateiverzeichnis

KORREKTURKENNUNG

Die Korrekturkennung ermöglicht Ihnen, Texteinfügungen besonders auszu-
zeichnen.

- Dazu bringen Sie den Cursor an die Stelle, an der Text eingefügt werden soll, drücken die Taste FONT <CTRL><F8>,<2> und <8> und
  schreiben Ihren Text.

- Danach drücken Sie erneut die Taste FONT und schalten die Funktion
  mit <3> wieder aus.

Wenn bereits erfaßter Text mit einer Korrekturkennung versehen werden soll,

- markieren Sie mit <ALT> <F4> diesen Text als Block und

- drücken dann die Taste FONT <CTRL><F8>,<2>,<8>.

Beim Ausdruck wird der so gekennzeichnte Text mit einem vertikalen Strich am linken Rand versehen.

KORREKTURPROGRAMM

Siehe: Lexikon.

LADEN

Wenn Sie einen Text auf einen freien Bildschirm laden oder an einen bereits auf dem Monitor befindlichen Text ab Cursorposition 'dranhängen', dann wird jeweils nur eine Kopie der abgespeicherten Textdatei geladen. Die Originaldatei bleibt solange unverändert auf der Diskette oder dem Festplattenlaufwerk, wie Sie diese Datei beim Sichern nicht überschreiben.

Um einen **Text** zu **laden**

- rufen Sie mit <SHIFT><F10> LADEN auf und

- geben den Namen der gewünschten Datei ein (vgl. Bild 87).

Bild 87: Meldung bei Funktion LADEN <F10>

Wenn WordPerfect sich mit der Meldung: *Fehler: Datei nicht gefunden* meldet, dann haben Sie entweder die falsche Dateibezeichnung oder eine unkorrekte Laufwerksbezeichnung eingegeben.

Um Ihnen deshalb die Angelegenheit zu erleichtern, können Sie in WordPerfect die Datei auch aus dem Inhaltsverzeichnis heraus aufrufen.

- Wählen Sie mit <F5> das DATEIVERZEICHNIS

- und steuern Sie den Cursor auf die gewünschte Datei.

- Mit <1> laden Sie diese Datei auf den Bildschirm.

LEXIKON

Das Korrekturprogramm von WordPerfect aktivieren Sie

- durch Drücken von LEXIKON <CTRL><F2>.

Wählen Sie aus der Menüzeile aus, was Sie gerne geprüft haben wollen.

Korrekturprogramme

In den angelsächsischen Ländern haben sich Korrekturprogramme längst durchgesetzt, was daran liegt, daß die englische Sprache weit weniger zusammengesetzte Wörter aufweist als das Deutsche. Die Folge ist, daß deutsche Korrekturprogramme entweder einen Umfang annehmen, der ihre Anwendung nur noch auf schnellen Festplattenlaufwerken sinnvoll macht - oder daß sich die Softwareentwickler mit Kompromissen zufriedengeben, die dann aber nicht alle Regeln und Ausnahmen berücksichtigen. Die "Trefferquote" bei Trennungen und Wörtern ist also bei deutschen Korrekturprogrammen deutlich geringer als bei den englischen Gegenstücken. Bei Verwendung eines Korrekturprogramms sollte man auf ein Festplattenlaufwerk nicht verzichten. Korrekturprogramm und Thesaurus von WordPerfect können zwar auch mit Floppylaufwerken genutzt werden, doch ist die Handhabung umständlich. Angesichts der in der Vergangenheit rasch gefallenen Preise für Harddisk-Laufwerke sollte sich der Benutzer von WordPerfect, der auf das Korrekturprogramm nicht verzichten will, eine Harddisk installieren (ist ganz einfach und muß nicht mehr als ca. DM 400.-kosten).

Für jemanden, der Wert auf ein schnelles, nahezu perfektes Korrekturprogramm legt, bietet sich eigentlich nur der Erwerb einer speziellen Software an, die auch mit WordPerfect zusammenarbeitet, etwa "CARLOS". All jenen Benutzern, die ein Korrekturprogramm nutzen wollen, denen es aber weniger wichtig ist, daß von vornherein möglichst alle Begriffe aufgeführt sind, wird das Korrekturprogramm von WordPerfect vollkommen genügen. Das Lexikon ist ohne große Mühe erweiterbar, so daß man nach einiger Zeit gute bis sehr gute Ergebnisse bei der Rechtschreibprüfung erzielen kann.

Das Lexikon von WordPerfect besitzt über 100.000 Einträge. Das Programm kann nicht nur falsch geschriebene Wörter auffinden und verbessern, sondern bietet auch die Möglichkeit, sich über Schreibweisen zu vergewissern. Falls Sie sich bei der Eingabe eines Wortes nicht sicher sind, ob Sie es richtig schreiben, können Sie dieses Wort entweder vor oder nach dem Schreiben nachschlagen. WordPerfect zeigt darüber hinaus Wörter mit ähnlicher Schreibweise und ähnlicher Aussprache an.

Das Synonymen-Wörterbuch THESAURUS arbeitet ganz ähnlich. Für bestimmte Wörter in Ihrem Text werden Ihnen Wörter mit ähnlicher oder gleicher Bedeutung aufgelistet. Sie können, beispielsweise um Ihren Stil zu verbessern, dann eines dieser Wörter in Ihren Text übernehmen.

THESAURUS und SPELLER, so die beiden Diskettenbezeichnungen der Programme, werden bei der Installation von WordPerfect automatisch auf Ihre Festplatte geladen, so daß Sie von Anfang an damit arbeiten können.

Texte korrekturlesen

Sie können von WordPerfect ein Wort, eine Seite, einen Textblock oder die ganze Datei korrekturlesen lassen, d.h. auf Schreibfehler überprüfen, nach unbeabsichtigten Wortwiederholungen durchsuchen lassen.

- Die Rechtschreibprüfung aktivieren Sie mit <CTRL><F2>.

- Durch Drücken von <F1> können Sie das Korrekturprogramm jederzeit wieder verlassen.

Wenn Sie Ihren Text überprüfen lassen wollen, starten Sie wie gewohnt WordPerfect, schreiben den Text oder holen sich die Textdatei auf den Bildschirm.

Soll die Schreibweise **eines einzelnen Wortes** geprüft werden, positionieren Sie den Cursor auf das betreffende Wort oder unmittelbar dahinter.

Bei der Überprüfung **einer Datei** muß sich der Cursor auf einem beliebigen Punkt innerhalb dieser Datei befinden.

Nur beim "Checken" **eines Textabschnitts** müssen Sie diesen mit der Funktion BLOCK <ALT><F4> und Cursorsteuerung vorher auszeichnen.

- Drücken Sie jetzt die Tastenkombination LEXIKON <CTRL><F2>.

In der Menüzeile erscheint folgende Meldung:

Check: 1 Wort **2** Seite **3** Datei **4** Neues Ergänzungslex. **5** Nachschl.
6 Zahl: 0

Wenn Sie <1> drücken, wird das betreffende Wort überprüft, bei <2> die Seite, auf der Sie sich befinden, und <3> sieht die ganze Datei durch. In der Statuszeile erscheint, wenn Sie einen längeren Text überprüfen, die Meldung:

Bitte warten.

Überprüfen Sie lediglich ein einzelnes Wort, und springt der Cursor zum nächsten Wort, dann ist die Schreibweise korrekt. Ist das Wort falsch **geschreiben**, dann erscheint das Wort hell unterlegt auf dem Bildschirm. Unterhalb der gestrichelten Linie bietet WordPerfect Alternativschreibweisen an. Die Vorschläge für die richtige Schreibweise sind mit Buchstaben gekennzeichnet. Wollen Sie nun die korrekte Schreibweise übernehmen, drücken Sie einfach den Buchstaben des von WordPerfect angebotenen Wortes. Das Wort wird automatisch in Ihren Text übernommen. (vgl. Bild 88)

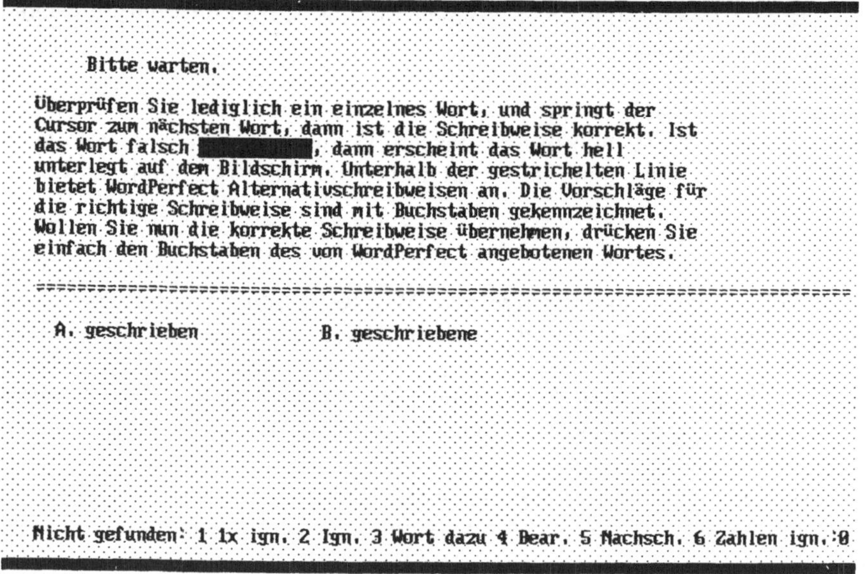

Bild 88: Überprüfung eines einzelnen Wortes

Wenn Sie längere Textpassagen übernehmen, wird WordPerfect nach der Korrektur in der Statuszeile die Anzahl der Wörter des Textes anzeigen. In den USA wird bei professionellen Autoren ein Manuskript nach der Wortzahl honoriert - in der Bundesrepublik wegen der unterschiedlichen Wortlänge übrigens nach Druckzeilen -, und der Autor kann auf einen Blick feststellen, ob er sich im Rahmen des Auftrags bewegt, bzw. mit welchem Honorar er rechnen kann. Nach Abschluß der Prüfung werden Sie aufgefordert, mit dem Drücken einer beliebigen Taste in den Text zurückzukehren.

HINWEIS: Sie können die Prüfung jederzeit durch Drücken von <F1>
                   abbrechen.

Wenn das Wort vom Programm nicht gefunden wird, müssen Sie sich für eine
der in der Menüzeile aufgeführten Möglichkeiten entscheiden:

1 1X IGNORIEREN   Sie wollen die Schreibweise des Wortes an
                        dieser Stelle beibehalten. WordPerfect über-
                        springt das Wort dieses eine Mal und fährt mit
                        der Fehlersuche fort.

2 IGNORIEREN   Sie wollen die Schreibweise dieses Wortes den
                        ganzen Text hindurch beibehalten. WordPerfect
                        hält bei diesem Wort nicht mehr an.

3 WORT DAZU   Die Schreibweise ist richtig, Sie wollen das
                        Wort in das Ergänzungslexikon aufnehmen.
                        Dieses Ergänzungslexikon kann mit Word-
                        Perfect wie normaler Text bearbeitet werden.

4 BEARBEITEN   Wenn Sie die Schreibweise von Hand korrigie-
                        ren wollen, springt der Cursor auf das Wort.
                        Sie können jetzt mit <BACKSPACE> und
                        <DEL> Ihre Korrektur anbringen. Mit <EXIT>
                        veranlassen Sie dann WordPerfect, mit der
                        Überprüfung fortzufahren.

                        Die Funktion BEARBEITEN kann auch mit
                        Hilfe der Pfeiltasten <←> und <→> initiiert
                        werden.

                        Nach der Korrektur wird das Wort nochmals
                        angezeigt. Sie können es nun mit <3> in das
                        Ergänzungslexikon aufnehmen.

5 NACHSCHLAGEN   Sie wissen nicht genau, wie das Wort geschrie-
                        ben wird. Das Programm bietet Ihnen eine
                        Wortliste mit Wörtern an, die in Frage kom-
                        men. Wenn Sie sich hinsichtlich der Schreib-
                        weise nicht absolut sicher sind, können Sie

einen oder mehrere Buchstaben durch '?' oder '*' ersetzen.

Nehmen wir an, Sie wissen nicht, ob Wärme mit 'ä' oder 'e' geschrieben wird, dann geben Sie auf die Frage

Wort oder Wortschema:

<W?rme> ein, und WordPerfect wird Ihnen mit einer Wortliste zu Hilfe kommen.

6 ZAHLEN IGNORIEREN Das Rechtschreibprogramm überspringt Zahlenangaben, hält aber grundsätzlich bei Wörtern an, die Zahlen enthalten, etwa bei "10mal". Mit dieser Funktion können Sie bestimmen, daß Zahlen, die Bestandteil eines Wortes sind, unberücksichtigt bleiben.

HINWEIS: Die Meldung von WordPerfect ändert sich, wenn zwei gleiche Wörter hintereinander stehen. Schreiben Sie "Die Frau, die die Wäsche aufhängt", dann meldet sich das Programm wie folgt:

Doppelwort 1 2 Ignor. **3** 2. Wort löschen
4 Bearb. **5** Stop Doppelwortprüfung

1 2 IGNORIEREN Die beiden Wörter bleiben im Text stehen. Das Wort wird nicht mehr in die Prüfung miteinbezogen.

3 2. WORT LÖSCHEN Das 2. Wort wird gelöscht (Vertipper).

4 BEARBEITEN Der Cursor blinkt im Text auf, die Passage kann korrigiert werden.

5 STOP DOPPELWORT Mit dieser Option können Sie die Doppelwortprüfung für den restlichen Text stornieren.

Lexikon wechseln

Das Rechtschreibprogramm bietet Ihnen, abgesehen von der Prüfung eines Wortes, Abschnitts und einer Datei, noch weitere Möglichkeiten.

Mit der Option <4> können Sie das Wörterbuch wechseln und weitere Haupt- bzw. Nebenwörterbücher einrichten.

Wenn Sie beispielsweise Berichte zu einer bestimmten wissenschaftlichen Disziplin schreiben, dann ist es vorteilhaft, wenn Sie ein fachspezifisches Wörterbuch anlegen, weil sonst das Hauptwörterbuch schnell einen zu großen Umfang annehmen könnte. Außerdem ist es nicht nötig, bei einem normalen Text jedesmal auch die fachspezifischen Ausdrücke mitprüfen zu lassen.

Wenn Sie also die Option <4> eingeben, dann erscheint die Meldung:

Name des Ergänzungslexikons:

- Geben Sie den Dateinamen an und drücken Sie <ENTER>.

Die Option NACHSCHLAGEN <5> benutzen Sie, wenn Sie hinsichtlich der Schreibweise unsicher sind. WordPerfect bietet Ihnen dann den direkten Zugriff auf das Lexikon an. Auf die Aufforderung

Wort oder Wortschema:

schreiben Sie das betreffende Wort in der Ihnen richtig erscheinenden Schreibweise, und WordPerfect wird Ihnen die korrekte Schreibweise zeigen bzw. andere Wörter, die vielleicht in Frage kommen.

Wenn Sie, was selten vorkommen dürfte, die Wörter Ihres Textes, den Sie gegenwärtig bearbeiten, zählen wollen, wählen Sie die Option <6>. Nach kurzer Wartezeit erscheint die Anzahl der Wörter in der Statuszeile. Mit der Betätigung einer beliebigen Taste befinden Sie sich wieder in Ihrem Text.

Siehe: Thesaurus.

LINIE ZIEHEN

WordPerfect beherrscht einfache Liniengrafik. Damit haben Sie die Möglichkeit, Boxen, Diagramme oder Ähnliches zu zeichnen. Sie können einfache oder doppelte Linien ziehen oder mit einem beliebigen dritten Zeichen arbeiten (vgl. Bild 89).

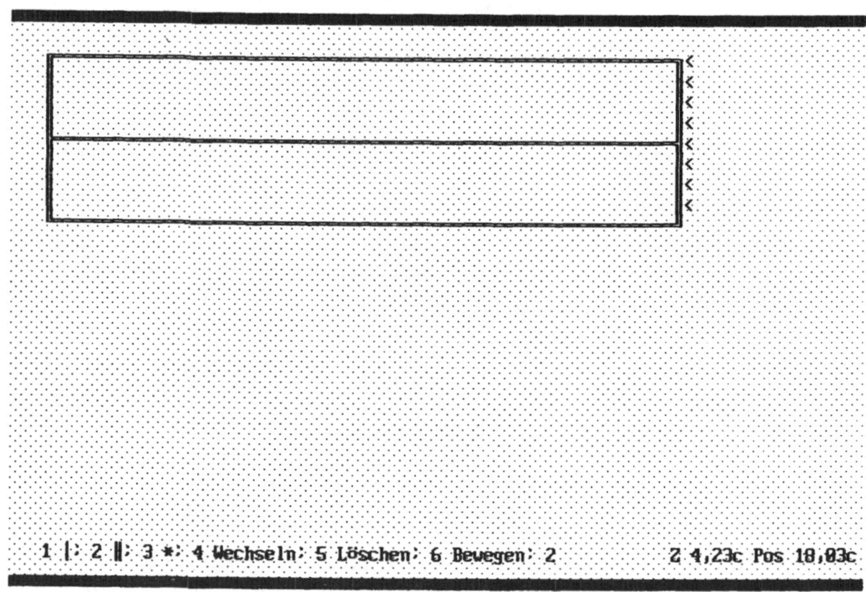

Bild 89: Liniengrafik

- Drücken Sie BILDSCHIRM <CTRL><F3> und <2>, um ins Grafikmenü zu gelangen.

- Wählen Sie die gewünschte Linie und erstellen Sie mit der Cursorsteuerung Ihre Grafik. Ecken werden beim Zeichnen automatisch eingefügt.

- Mit EXIT <F7> beenden Sie das Menü und kehren zur normalen Texteingabe zurück.

Um eine Linie zu löschen, wählen Sie <5>. Sobald Sie den Cursor über die
Linie steuern, wird diese gelöscht.

Möchten Sie den Cursor einfach durch die Abbildung bewegen, ohne eine
Linie zu ziehen, wählen Sie <6>.

Durch Eingabe von <4> haben Sie die Möglichkeit, aus mehreren vor-
geschlagenen Zeichen eines auszuwählen oder ein Zeichen zur Linienziehung
ganz neu zu definieren.

ACHTUNG: Ist der Text in Proportionalschrift geschrieben (z.B. bei
              Blocksatz), arbeitet die Funktion "Linien ziehen" nicht ein-
              wandfrei, was Sie aber erst beim Ausdrucken merken.

LISTE ERSTELLEN

Oft soll ein Text auch eine Liste der verwendeten Abbildungen, Tabellen,
Grafiken usw. enthalten. WordPerfect unterstützt das Definieren und Generieren von bis zu neun Listen.

- Markieren Sie den Text, der in die Liste übernommen werden soll, mit
  der Funktion BLOCK <ALT><F4> und der Cursorsteuerung. Der Textteil ist hell unterlegt.

- Drücken Sie die Taste TEXT MARKIEREN <ALT><F5> und geben
  Sie <2> für LISTE ein (vgl. Bild 90).

- Geben Sie die Nummer der Liste (1-9) an, in die der Text übernommen werden soll.

- Wiederholen Sie diese Schritte für alle übrigen Textteile, die Sie für
  die Liste vorgesehen haben.

- Steuern Sie den Cursor zu der Position, an der die Liste eingefügt
  werden soll. Definieren und generieren Sie die Liste (Vorgehensweise
  wie bei INDEX).

Die Einträge in der Liste erfolgen in der Reihenfolge, wie sie im Text erscheinen. Wenn Sie Ihre Liste alphabetisch geordnet haben wollen, dann generieren
Sie die Liste einfach als Index.

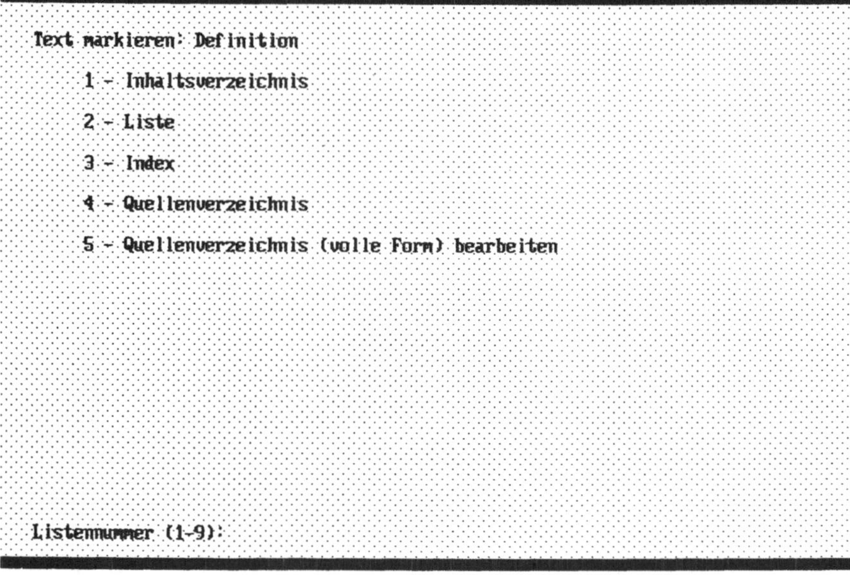

Bild 90: Liste generieren

Die **Grafikfunktion** bietet eine weitere Möglichkeit, Einträge in einer Liste
aufzunehmen:

- In **Liste 6** werden automatisch Bildunterschriften von Abbildungsboxen
  aufgenommen.

- In **Liste 7** werden die Untertitel von Verzeichnisboxen aufgenommen.

- In **Liste 8** werden Untertitel von Textboxen aufgenommen.

- In **Liste 9** werden Untertitel von anwenderdefinierten Boxen aufgenommen.

LÖSCHEN

WordPerfect bietet Ihnen verschiedene Möglichkeiten an, wie Sie überflüssige Zeichen, Worte, Seiten, Abschnitte und Dateien wieder von Ihrem Bildschirm verschwinden lassen können. Die Löschfunktionen ergänzen sich, und selbst wenn man immer nur mit der Backspace-Taste arbeitet, sollte man doch wissen, daß es komfortablere Löschfunktionen gibt.

LÖSCHEN: -	bis Seitenende	<CTRL><PgDn>
-	bis Zeilenende	<CTRL><END>
-	Datei	<F5>,<ENTER>,<2>
-	Verzeichnis	<F5>,<ENTER>,<2>
-	Wort	<CTRL><BACKSPACE>
-	Wort links	<HOME><BACKSPACE>
-	Wort rechts	<HOME><DEL>
-	Zeichen links	<BACKSPACE>
-	Zeichen rechts	<DEL>

LÖSCHSPEICHER

WordPerfect merkt sich jeweils die drei letzten Löschvorgänge, die Sie in Ihrem Text durchgeführt haben. Dabei spielt es keine Rolle, durch welche Funktion bzw. Taste der Text gelöscht worden ist. Um gelöschten Text wieder abrufen zu können, steht Ihnen die Löschspeicher-Funktion zur Verfügung.

- Drücken Sie STORNO <F1>.

Die Optionen des Löschspeichers erscheinen in der Statuszeile. Gleichzeitig wird der zuletzt gelöschte Text an der Cursorposition in Farbumkehr angezeigt.

- Wählen Sie <1>, wenn Sie diesen Text abrufen wollen,

- und <2>, wenn Sie weiter zurückblättern müssen.

MACRO

Die Macrofunktion erleichtert Ihnen den Umgang mit WordPerfect ganz
enorm. Unter einem Macro versteht man eine Tastenfolge, die in einer Datei
erfaßt ist und jederzeit abgerufen werden kann. Macros dienen in erster Linie
dazu, gleichartige Arbeitsabläufe, die oft vorkommen, zu speichern und auf
Tastendruck zur Verfügung zu haben. Die Erstellung von Macros mit Word-
Perfect ist denkbar einfach.

- Drücken Sie MACRO DEF. <CTRL><F10> und in der Statuszeile
  erscheint die Meldung

  Macro definieren:

- Vergeben Sie den Macronamen durch Eingabe von bis zu acht Zeichen.

- Drücken Sie nun die Tastenfolge, die Sie als Macro gespeichert haben
  möchten. Dabei ist es egal, ob es sich um Text - etwa eine Grußformel
  oder einen Textbaustein - handelt, oder um die Tastenfolge, die Ihnen
  beispielsweise eine Seite in einer bestimmten Weise formatiert.

- Anschließend beenden Sie die Erstellung des Macros mit der erneuten
  Eingabe von <CTRL><F10>.

Der Macro wird auf dem Standardlaufwerk mit der Zusatzbezeichnung .WPM
abgelegt. Zum Aufrufen

- drücken Sie MACRO <ALT><F10> und geben den Macronamen ein.

- Bestätigen Sie mit <ENTER>, und die Befehlsfolge läuft ab.

Erfahrenere Benutzer von WordPerfect wissen es zu schätzen, daß eine Ver-
kettung mehrerer Macros möglich ist. Außerdem lassen sich Macros ineinander
verschachteln.

Wenn Sie einen Macro bei Ihrer Arbeit nur zeitweilig benutzen wollen, können Sie bei der Benennung des Macros <ENTER> drücken. Bei Verlassen von WordPerfect wird dieser Makro dann automatisch gelöscht.

Arbeiten Sie häufig mit Macros, sollten Sie Ihre Macros auf einer speziellen Macro-Diskette organisieren und die entsprechenden Dateien jedesmal, bevor Sie mit der Arbeit beginnen, auf Ihre Arbeitsdiskette oder ins Standardlaufwerk kopieren.

Erstellen eines Macros "Gruß"

Nehmen wir an, Sie führen eine umfangreiche Korrespondenz und schließen einen großen Teil Ihrer Briefe mit folgender Floskel ab:

```
Recht herzlichen Dank für Ihre Bemühungen.

Mit freundlichen Grüßen

Ihr
```

- Drücken Sie <CTRL><F10>, es erscheint die Meldung

    Macro definieren:

- Schreiben Sie <Gruß>. In der Statuszeile blinkt währenddessen

    Macro def

- Schreiben Sie: <Recht herzlichen Dank für Ihre Bemühungen.> <ENTER> <Mit freundlichen Grüßen> <ENTER> <Ihr> <ENTER>.

- Drücken Sie erneut <CTRL><F10>. Der Macro wird auf der Diskette oder Ihrer Festplatte gespeichert.

Um nachzuschauen, ob der Vorgang ordnungsgemäß abgearbeitet wird,

- löschen Sie bitte den Bildschirm und drücken, um den Macro auf den Monitor zu holen, die Tastenkombination <ALT><F10>.

  Auf dem Bildschirm erscheint die Meldung:

  Macro:

- Geben Sie die Bezeichnung <Gruß> ein. Bestätigen Sie mit <ENTER>, und der Text, den Sie eben eingegeben haben, erscheint wieder.

Macros können Sie übrigens an jeder beliebigen Stelle des Textes einfügen.

Die Möglichkeiten, die WordPerfect mit seinen Macros bietet, werden Sie erst im Laufe Ihrer Arbeit mit dem Programm schätzen lernen. Je länger die Befehle, die Sie eingeben, sind, desto eher bietet sich die Abspeicherung als Macro an. Da jeder Tastendruck gespeichert wird, bedeutet es keinerlei Problem, innerhalb eines Macros auch ein weiteres oder mehrere Macros aufzurufen. In dieser Hinsicht sind Ihrer Phantasie keinerlei Grenzen gesetzt.

MISCHBEFEHLE

Mischbefehle können in **Primärdateien** und teilweise auch in **Sekundärdateien** eingesetzt werden.

Um Mischbefehle in einen Text einzufügen,

- rufen Sie MISCHBEFEHLE <SHIFT><F9> auf und geben den entsprechenden Buchstaben ein (vgl. Bild 91).

Bild 91: Mischbefehle

Hier eine Übersicht über die Anwendungsbereiche von Mischbefehlen:

- ^C: Unterbricht den Mischvorgang für eine Tastatureingabe. Mit
  MISCHEN <SHIFT><F9>,<R> geht es dann weiter.

- ^D: Fügt das aktuelle Datum ein.

- ^E: Markiert das Ende eines Datensatzes der Sekundärdatei. Der
  Mischvorgang wird abgebrochen.

- ^Fn: Fügt den Inhalt von Feld "n" an Codeposition ein.

- ^G: ^Gmacroname^G startet den Macro "macroname" nach Beendi-
  gung des Mischvorgangs.

- ^N: Liest nächsten Datensatz der Sekundärdatei ein.

- ^O: Gibt Meldung in der Statuszeile aus.

- ^P: ^Pdateiname^P fügt die Datei "dateiname" ein.

- ^Q: Stoppt den Mischvorgang.

- ^R: Ende eines Datenfeldes in der Sekundärdatei.

- ^S: ^SDateiname^S wechselt zur Sekundärdatei "dateiname".

- ^T: Schickt den bis zu diesem Punkt gemischten Text an den Drucker.

- ^U: Zeigt bisheriges Mischergebnis an.

- ^V: ^Vmischbefehl^V fügt den Mischbefehl "mischbefehl" in die zu erstellende Datei ein.

MISCHEN

Ein Grund dafür, daß sich Textverarbeitungsprogramme international relativ schnell durchsetzen konnten, liegt in der Möglichkeit, daß sich mit der richtigen Software schnell und relativ einfach Serienbriefe erstellen lassen. Ein Serienbrief ist ein ein- oder mehrseitiger Text, der, mit Variablen versehen, an mehrere Adressaten abgeschickt werden kann. Die Vorteile liegen auf der Hand: Der Text des Briefes muß nur einmal erfaßt werden. Adresse und Anreden werden durch Mischbefehle ersetzt, durch die ganze Adressenkarteien "eingespeist" werden können.

In WordPerfect wird der Brieftext als **Primärdatei** abgespeichert, die Variablen - Adressen, Telefonnummern u.ä - als Liste in einer sogenannten **Sekundärdatei**. Das hört sich schwerer an, als es in Wirklichkeit ist. Wenn nun beide Dateien verkettet werden, dann kann für jeden Datensatz der Sekundärdatei - jeden Adressaten - ein individuelles Schreiben ausgedruckt werden.

Je mehr man mit Textprogrammen schreibt, desto mehr speichert man - das jedenfalls ist meine Erfahrung. Normalerweise ist es leichter, auch nach Jahren auf eine "alte" Adressenliste zurückzugreifen, als diese Liste - von der man ganz sicher war, sie nie mehr gebrauchen zu können - erneut einzugeben. Dennoch bietet WordPerfect die Möglichkeit an, die variablen Daten auch unmittelbar über die Tastatur einzugeben, wenn man sicher ist, daß man sie für spätere Verwendung nicht aufheben will. Zu diesem Zweck kann man in den Serienbrief Kontrollmeldungen einbauen, die den Bearbeiter auffordern, die entsprechenden Daten zu ergänzen. Diese Meldungen erscheinen lediglich auf dem Monitor, werden also nicht mit ausgedruckt.

Wenn Sie die Sekundärdatei - Adressen u.ä. - in einer Liste zusammenfassen, dann können Sie diese später weiterverarbeiten. Sie haben die Möglichkeit, Dateien für Adreßaufkleber zu erstellen, können den Adressaten Telefonnummmern zuordnen und können notfalls auch die Datei nach Postleitzahlen ordnen. Es lohnt sich also, jede Adreßkartei auf Diskette zu speichern.

Serienbriefe erstellen

Um einen Serienbrief in Umlauf zu bringen, sind zwei Arten von Dateien notwendig:

- Die **Primärdatei**   steuert den Mischvorgang, indem sie an einer vorher definierten Position einen bestimmten, variablen Text (Name, Adresse, Datum, u.ä.) abruft und dort einfügt. Sie besteht aus dem eigentlichen Text (z.B. Brieftext) und den Mischbefehlen, die zum Verknüpfen der Variablen (Datum, Adressen, Anrede) notwendig sind.

- Die **Sekundärdatei**   enthält verschiedene Datensätze, die durch den Mischbefehl ^E, gefolgt von einem festen Seitenumbruch <CTRL><ENTER> voneinander getrennt sind.

Ein **Datensatz** enthält Informationen zu einer Person, einem Fall, einer Einheit (z.B. Adresse, Literaturangabe).

Diese Informationen sind in einzelne Felder aufgeteilt, ein **Feld** enthält z.B. den Namen, das nächste die Straße, das dritte den Ort.

Innerhalb jedes Datensatzes werden die Felder von WordPerfect von oben nach unten durchnumeriert. Die Felder werden durch den Mischbefehl ^R, gefolgt von einer Zeilenschaltung, getrennt.

ACHTUNG: Zwischen dem letzten Wort eines Feldes und dem Mischbefehl ^R dürfen keine Leerzeichen stehen.

Gleiche Felder müssen die gleiche Art von Information enthalten oder leer bleiben. Ein Feld muß jedoch nicht stets die gleiche Anzahl von Wörtern oder Zahlen enthalten.

Sie können den Feldern einer Sekundärdatei auch Namen geben. Dazu muß die Sekundärdatei mit einem Datensatz beginnen, der mit ^N eingeleitet wird, und in dem die Feldnamen in einem einzigen Feld in der Reihenfolge ihres Auftretens aufgelistet sind. Die Feldnamen müssen in Fettdruck geschrieben und durch Zeilenschaltungen voneinander getrennt sein. Das Feld wird mit ^R, der Datensatz als Ganzes mit ^E abgeschlossen.

Text erfassen

Gehen wir einmal davon aus, Sie besäßen einen kleinen Versandbuchhandel und wollen ihre Stammkunden von der atemberaubenden Neuerscheinung "Abenteuer im Harem" von Abu Abas in Kenntnis setzen.

Zunächst erstellen wir das Anschreiben mit den Codes zum Aufruf der individuellen Daten aus der Sekundärdatei. Die erste Variable ist das Datum. Die Datumsfunktion rufen Sie

- mit <SHIFT><F5> auf.

Sie können allerdings auch einen Mischbefehl benutzen, den Sie

- durch Eingabe der Tastenkombination MISCHBEFEHLE <SHIFT><F9> aktivieren.

Darauf erscheinen in der Statuszeile dreizehn Mischcodes.

^C; ^D; E; ^F; ^G; ^N; ^O; ^P; ^Q; ^S; ^T; ^U; ^V:

Diese Codes stehen für **Mischbefehle**. ^D steht für die Datumsvariable. Wenn Sie in Ihrem Schreiben diesen Befehl eingeben wollen,

- steuern Sie den Cursor an die übliche Stelle oben rechts auf dem Bild-schirm und drücken <SHIFT><F9>,<D>,<ENTER>.

Dann schreiben Sie bitte den Brieftext:


```
Herr                                                          ^D
Adam Kunde
Straße Nr.

Postleitzahl Stadt



Sehr geehrter Herr Kunde,


Gestern wurde endlich das epochale Werk "Abenteuer im Harem"
von Abu Abas ausgeliefert. Da wir eine sehr starke Nachfrage
erwarten, möchten wir Ihnen empfehlen, das Buch umgehend zu
bestellen.


Mit freundlichem Gruß
```

Adressen erfassen

Der Datensatz für Adresse und Anrede ist in fünf Felder unterteilt:

```
Herr                 <F1>
Adam Kunde           <F2>
Straße Nr.           <F3>

Postleitzahl Stadt   <F4>
r Kunde              <F5>
```

Wir ersetzen jetzt im Beispielbrief die Adresse von Herrn Kunde mit diesen Feldbezeichnungen.

Zur Eröffnung eines Feldes

- geben Sie bitte <SHIFT><F9>, danach den Buchstaben <F> ein.

  WordPerfect fragt Sie:

  Feld:

- Sie antworten mit <1> und <ENTER>,<ENTER>.

Wiederholen Sie diese Prozedur, bis Sie die Feldnummern F1 bis F4 in der oben gezeigten Weise eingetragen haben. Löschen Sie bitte in der Anrede die Buchstaben r Kunde, und ersetzen Sie sie mit <SHIFT><F9>,<F>,<5>,-<ENTER>,<ENTER>.

Ihr Brief müßte jetzt folgendermaßen aussehen:

```
                                                                    ^D

^F1^
^F2^
^F3^

^F4^



Sehr geehrte^F5^,


Gestern wurde endlich das epochale Werk "Abenteuer im Harem"
von Abu Abas ausgeliefert. Da wir eine sehr starke Nachfrage
erwarten, möchten wir Ihnen empfehlen, das Buch umgehend zu
bestellen.


Mit freundlichem Gruß
```

Jetzt erstellen Sie eine Sekundärdatei, die zwar die Namen beliebig vieler Kunden enthalten kann, doch wollen wir uns hier auf drei Adressen beschränken. Die entsprechenden Informationen (Name, Adresse, Anrede usw.) sind in einzelne Felder unterteilt. Alle Felder zusammen bilden einen Datensatz. Ein Datensatz kann beliebig viele Felder enthalten, nur muß er einheitlich aufgebaut sein. Das haben wir bereits erreicht. Jedes Datenfeld wird mit der Taste MISCHEN R <F9> abgeschlossen, jeder Datensatz mit MISCHEN <SHIFT>-<F9>,<E>. Starten Sie WordPerfect und schreiben Sie

```
Herrn^R
Wolfgang Meier^R
Blumenstr. 5^R


6600 SAARBRÜCKEN^R
r Herr Meier^R
^E

Frau^R
Elfriede Schmidt^R
Vogelstr. 6^R

4650 GELSENKIRCHEN^R
 Frau Schmidt^R
^E

Herrn^R
Dieter Schön^R
Gartenstr. 7^R

8000 MÜNCHEN^R
r Herr Schön^R
^E
```

HINWEIS: Bitte achten Sie darauf, daß sich weder vor dem ^R noch vor dem ^E ein Leerzeichen findet. Diese Leerzeichen würden im Brief ausgedruckt werden.

HINWEIS: Sie können mit WordPerfect auch Daten aus einer Datenbank - dBase - übernehmen. Benutzen Sie hierzu das Konvertierprogramm CONVERT.

Mischen von Primär- und Sekundärdatei

Um Ihre Kunden anschreiben zu können, müssen Sie jetzt nur noch Primär- und Sekundärdatei mischen.

- Löschen Sie zunächst den Bildschirm mit <F7> und drücken sie die Tastenkombination MISCHEN/SORT. <CTRL><F9>.

WordPerfect bietet Ihnen wieder eine Auswahl an:

1 Mischen; **2** Sortieren; **3** Sortierart: **0**

- Sie wählen <1>.

Auf die Frage

Primärdatei:

- geben Sie <brief.pd> ein.

Sekundärdatei:

- beantworten Sie mit <adress.sd>.

WordPerfect teilt Ihnen durch die Meldung

** Mischen **

mit, daß jetzt beide Dateien verknüpft werden. Anschließend erscheint das Ende des letzten der drei gleichlautenden Briefe auf Ihrem Bildschirm. Die Adressen der drei verschiedenen Adressaten sind korrekt eingesetzt, ebenso das Datum.

Es ist ohne weiteres möglich, das Anschreiben noch individueller zu gestalten, indem man die Anrede im Brief nochmals wiederholt, den Firmennamen des Adressaten erwähnt usw. Ihrer Gestaltungsfreiheit in dieser Hinsicht sind keinerlei Grenzen gesetzt.

Direkteingabe individueller Daten über die Tastatur

Wenn Sie die etwas aufwendige Erstellung einer Sekundärdatei scheuen, dann können Sie in Ihre Briefe und Anschreiben individuelle Daten auch direkt über die Tastatur eingeben. Wenn Sie in Ihrem Serienbrief die Codes F1 bis F5 entfernen und durch ^C ersetzen, dann führt dies dazu, daß WordPerfect an der entsprechenden Stelle anhält, damit Sie Daten über die Tastatur einfügen können. Wenn Sie sehen wollen, wie das funktioniert,

- rufen Sie BRIEF.PD auf und ersetzen die Codes F1 - F5 mit
  <SHIFT><F9>,<C> = ^C.

- Speichern Sie nun den Brief unter der Bezeichnung BRIEF2.PD, und
  löschen Sie den Bildschirm mit <F7>.

- Danach geben Sie MISCHEN/SORT. <CTRL><F9> ein und wählen
  MISCHEN <1>.

Wenn Sie nun Ihre Datei BRIEF2.PD als Primärdatei angeben und bei der
Frage nach der Sekundärdatei <ENTER> drücken, dann wird der zweite Brief
aufgerufen und der Cursor springt zum ersten ^C. Geben Sie die Anrede ein
und springen Sie dann mit <ENTER> zum ^C in der nächsten Zeile. Wenn
Sie Postleitzahl und Stadt eingegeben haben, erreichen Sie das letzte ^C ganz
einfach durch Drücken von <F9>.

NAME SUCHEN IM DATEIVERZEICHNIS

- Gehen Sie mit <F5>,<ENTER> ins DATEIVERZEICHNIS, drücken
  Sie <N> und geben Sie den Namen der Datei, die Sie suchen, ein.

Der Cursor bleibt auf dieser Datei stehen.

- Drücken Sie eine beliebige Taste.

Jetzt haben Sie die Möglichkeiten, die Ihnen in den beiden untersten Zeilen
aufgezeigt werden (vgl. Bild 92).

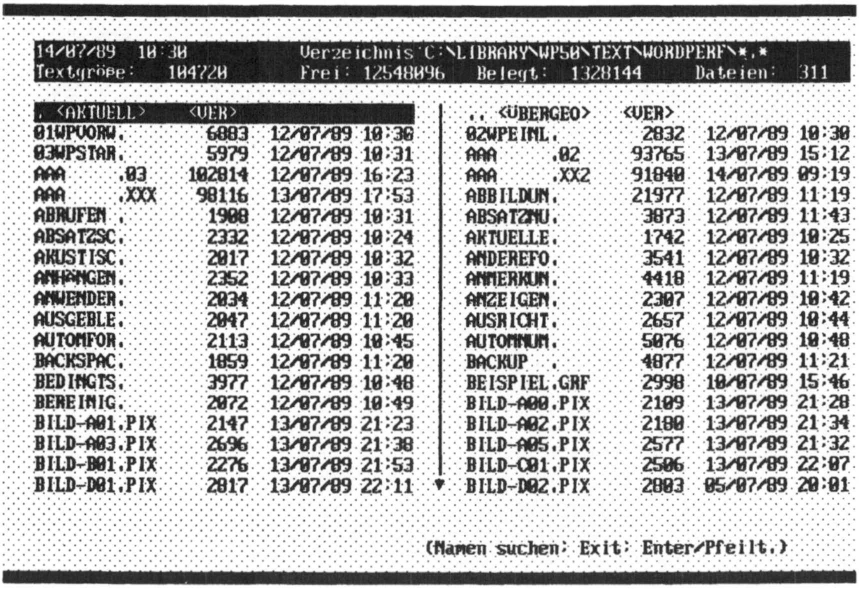

Bild 92: Dateiname suchen

NEU ANZEIGEN

WordPerfect kann nach jeder Änderung den Bildschirminhalt automatisch neu anzeigen.

- Geben Sie dazu BILDSCHIRM <CTRL><F3> und <0> ein.

```
Startmenü: Bildschirm

   1 - Autom. Formatieren und Neuanzeige     Ja

   2 - Farben/Fonts/Attribute

   3 - Textanmerkungen anzeigen              Ja

   4 - Dateiname in Statuszeile              Ja

   5 - Grafikbildschirm                      Hercules 720x348 mono

   6 - Zeichen für Feste Neue Zeile          <

   7 - Menükennbuchstabe                     FETT

   8 - Spalten nebeneinander darstellen      Ja

   9 - Druckbild einsehen (schwarz/weiß)     Nein



   Auswahl: 1
```

Bild 93: Autom. Formatieren im STARTMENÜ

Sie haben auch die Möglichkeit, diese Angabe fest ins **Startmenü** zu übernehmen.

- Rufen Sie STARTMENÜ <SHIFT><F1> auf und wählen Sie <3> für BILDSCHIRM,

- dann <1> AUTOM. FORMATIEREN UND NEUANZEIGE (vgl. Bild 93).

- Geben Sie <J> ein, um automatisches Formatieren zu aktivieren.

- Mit EXIT <F7> verlassen Sie das Startmenü wieder.

Die im Startmenü gemachten Veränderungen bleiben dauerhaft erhalten.

NEUE FUßNOTENNUMMER

Mit <CTRL><F7>,<1>,<3> können Sie eine neue Fußnotennummer vereinbaren.

NEUE SEITENNUMMER

Wenn Sie einen längeren Text in mehreren Dateien abgespeichert haben und ausdrucken wollen, müssen Sie für die einzelnen Seiten neue Seitennummern definieren.

- Drücken Sie FORMAT <SHIFT><F8> und <2>,<6>. Geben Sie am Anfang jeder Datei die entsprechende neue Seitennummer ein (vgl. Bild 94).

```
Seitenformat

   1 - Zentrieren zw. oberem und unterem Blattrand    Nein

   2 - Gerade/ungerade Seitenzahl erzwingen

   3 - Kopftext

   4 - Fußtext

   5 - Blattrand - Oben                               2,54c
                   Unten                              2,54c

   6 - Neue Seitenzahl                                241
       (Bsp.: 3 oder III)

   7 - Seitennumerierung                              Oben Mitte

   8 - Papier: Größe                                  21c x 29,7c
               Art                                    Standard

   9 - Format der aktuellen Seite unterdrücken

Auswahl: 6
```

*Bild **94**: Seitennummer ändern*

OBERER/UNTERER BLATTRAND

Mit dieser Funktion können Sie den oberen und unteren Blattrand beliebig verändern.

- Steuern Sie den Cursor an den Beginn der Seite, von der ab der neu zu definierende Rand gelten soll.

- Drücken Sie FORMAT <SHIFT><F8>,<2> und <5>. Geben Sie den neuen Rand ein. Bestätigen Sie mit <ENTER>. (vgl. Bild 95)

- Drücken Sie EXIT <F7>, und Sie befinden sich wieder im Text.

```
Seitenformat

    1 - Zentrieren zu. oberem und unterem Blattrand    Nein

    2 - Gerade/ungerade Seitenzahl erzwingen

    3 - Kopftext

    4 - Fußtext

    5 - Blattrand - Oben                                2,54c
                    Unten                               2,54c

    6 - Neue Seitenzahl                                 242
        (Bsp.: 3 oder III)

    7 - Seitennumerierung                               Oben Mitte

    8 - Papier: Größe                                   21c x 29,7c
                Art                                     Standard

    9 - Format der aktuellen Seite unterdrücken

Auswahl: 5
```

Bild 95: Blattrand ändern

PAPIER: GRÖßE/ART

Wenn Sie in einem längeren Text mit verschiedenen Papiergrößen arbeiten wollen - beispielsweise mit DIN A4 und DIN A5 - steuern Sie den Cursor an die Stelle, an der die Papiergröße und/oder -art geändert werden soll.

- Gehen Sie mit <SHIFT><F8> ins FORMAT-Menü (vgl. Bild 96).

```
Formate

    1 - Zeile
            Silbentrennung              Zeilenabstand
            Blocksatz                   Ränder links/rechts
            Zeilenhöhe                  Tabulatoren
            Zeilenzahl                  Absatzschutz

    2 - Seite
            Zentrieren                  Neue Seitenzahl
            Gerade/Ungerade Seitenzl.   Seitennumerierung
            Kopf-/Fußtext               Papier: Größe/Art
            Oberer/Unterer Blattrand    Unterdrücken

    3 - Text
            Bildschirm-Pitch            Korrekturkennung
            Standard-Codes/-Fonts       Textangaben

    4 - Andere
            Textposition                Zeichenkombination
            Bedingtes Seitenende        Druckerfunktionen
            Dezimalzeichen              Unterstreichen Leerschritte/Tabs
            Sprache

    Auswahl: 0
```

Bild 96: Formate

- Wählen Sie <2> SEITE (vgl. Bild 97) und

- <8> PAPIER (vgl. Bild 98).

```
Seitenformat

    1 - Zentrieren zw. oberem und unterem Blattrand   Nein

    2 - Gerade/ungerade Seitenzahl erzwingen

    3 - Kopftext

    4 - Fußtext

    5 - Blattrand - Oben                               2,54c
                    Unten                              2,54c

    6 - Neue Seitenzahl                                1
        (Bsp.: 3 oder III)

    7 - Seitennumerierung                             Keine Seitenzahlen

    8 - Papier: Größe                                 21c x 29,7c
                Art                                    Standard

    9 - Format der aktuellen Seite unterdrücken

Auswahl: 8
```

Bild 97: Seitenformat

- Suchen Sie die gewünschte Papiergröße aus.

- Wählen Sie die Papierart.

- Kehren Sie mit <F7> EXIT in Ihren Text zurück.

Das Programm sucht an dieser Stelle nach der passenden Formulardefinition und druckt bei Vorliegen der Definition Ihren Text auf dem neuen Formular aus.

```
Format: Papiergröße

1 Zoll (") = 2,54 c:

     1 - DIN A4                    210 mm x 297 mm

     2 - A4, Querformat            297 mm x 210 mm

     3 - DIN A3                    297 mm x 420 mm

     4 - A3, Querformat            420 mm x 297 mm

     5 - Etiketten                  89 mm x  48 mm

     6 - DIN A5                    148 mm x 210 mm

     7 - A5, Querformat            210 mm x 148 mm

     8 - U.S. Standard            8 1/2" x 11" (Endlos: 279,40 mm)

     9 - U.S. Standard, Querformat   11" x 8 1/2"

     A - Andere

Auswahl: 1
```

Bild 98: Papiergröße

RÄNDER

Linker und rechter Rand lassen sich jederzeit neu setzen.

- Steuern Sie den Cursor an die Stelle, ab der mit der neuen Randvorgabe begonnen werden soll, in der Regel ist dies der Textanfang.

- Drücken Sie FORMAT <SHIFT><F8>.

- Geben Sie <1> für ZEILE ein und <4> für RÄNDER LINKS/-RECHTS.

- Geben Sie die Angabe für den linken Rand ein und die Angabe für
  den rechten Rand. Standardmäßig hat WordPerfect einen linken und
  rechten Rand von jeweils 2,54 cm vorgegeben.

- Mit EXIT <F7> kehren Sie wieder in den Text zurück.

Die Ränder lassen sich auch dauerhaft im **Startmenü** verändern.

- Drücken Sie <SHIFT><F1>, um ins STARTMENÜ zu gelangen.

- Geben Sie <5> ein für STANDARDVORGABEN und <4> für
  STANDARD-CODES (vgl. Bild 99).

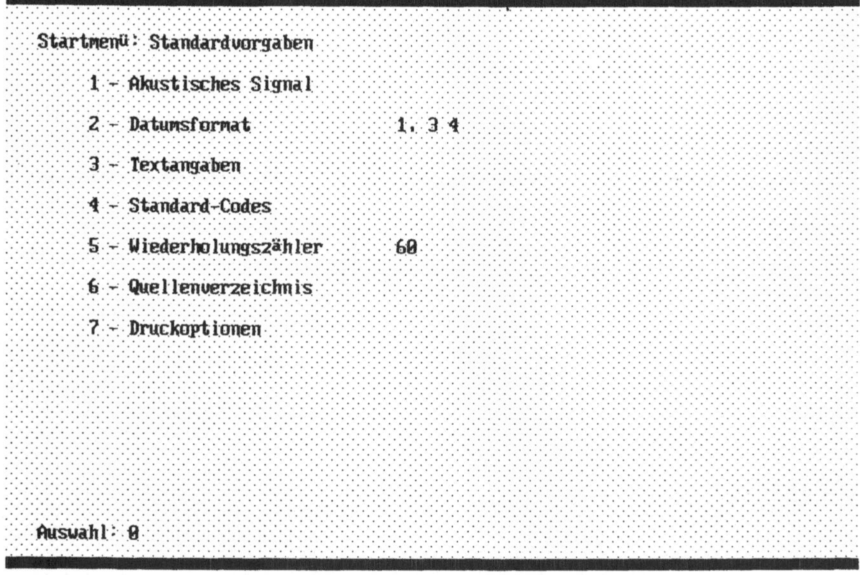

Bild 99: Standardvorgaben

- Rufen Sie nun die Funktion auf, die Sie verändern möchten, in diesem
  Fall also <SHIFT><F8>,<1>,<2>.

- Machen Sie die Standardvorgaben für linken und rechten Rand.

- Mit EXIT <F7>, EXIT <F7> kehren Sie wieder in den Text zurück.

RANDLÖSER (AUSRÜCKUNG)

Diese Funktion bewegt den Cursor um einen Tabsprung nach links.

- Bewegen Sie den Cursor an den Zeilenanfang und drücken Sie
  <SHIFT><TAB>.

Der eingegebene Text wird jetzt in der ersten Zeile um einen Tabsprung nach
links ausgerückt.

RANDZONE

Die Bestimmung der Randzone spielt eine wichtige Rolle bei der **Trennung**.
Unter Randzone versteht man den Bereich links und rechts des rechten Ran-
des. Die linke Randzone bezeichnet den Raum vor der aktuellen Randeinstellung, die rechte Randzone den Platz dahinter. Fängt ein Wort vor der linken
Randzone an und hört hinter der rechten auf, wird es von WordPerfect zur
Trennung angeboten. Fängt ein Wort innerhalb der linken Randzone an und
geht über den rechten Rand hinaus, wird es vollständig in die nächste Zeile
übernommen. Die Standardeinstellung von WordPerfect stellt einen brauch-
baren Kompromiß dar. Um die gesamte Randzone gut überblicken zu können,
sollten Sie die rechte Randzone möglichst auf 0 stellen.

HINWEIS: Je enger Sie die Randzone einteilen, desto häufiger wird
                   getrennt, und die Abstände zwischen den einzelnen Wörtern
                   bei Blocksatz werden kleiner. Bei Flattersatz reduzieren sich
                   die Lücken am Zeilenende.

Zur Einstellung:

- Drücken Sie FORMAT <SHIFT><F8>.

- Wählen Sie <1> für ZEILE und <2> für RANDZONE.

- Nun können Sie eine neue Randzone vereinbaren. Machen Sie die Angabe für die linke Randzone (der Randzonenbereich links des Textrandes), anschließend die für die rechte Randzone (der Randzonenbereich rechts des Textrandes).

  Dabei geben Sie die Randzone als Prozentsatz der Zeilenlänge an. Bei einer Zeilenlänge von 16,51 cm und einer linken Randzone von 10% würde die linke Randzone 1,65 cm betragen. (vgl. Bild 100)

```
Zeilenformat

    1 - Silbentrennung        Aus

    2 - Randzone - Links       10%
                  Rechts       4%

    3 - Blocksatz             Ja

    4 - Zeilenhöhe            Autom.

    5 - Zeilenzahl           Nein

    6 - Zeilenabstand         2

    7 - Ränder - Links        2,54c
                 Rechts       2,54c

    8 - Tabulatoren           0c, alle 1,27c

    9 - Absatzschutz         Nein


Auswahl: 2
```

Bild 100: Einstellen der Randzone

RECHENOPERATIONEN

Entgegen einer weitverbreiteten Meinung braucht man kein Tabellenkalkulationsprogramm, um einfache Rechnungen zu erledigen. WordPerfect bietet, was Rechenoperationen angeht, zwar nicht das "Nonplusultra", doch um Zahlenmaterial in Rechnungen unterzubringen und Geschäftsberichte in Tabellenform zu erstellen, genügen die Leistungsmerkmale des Programms vollkommen. Wer es etwas bequemer haben möchte, dem rate ich zur WordPerfect-Library, einer sinnvollen Ergänzung des Textverarbeitungsprogramms, die ein recht komfortables Rechenprogramm beinhaltet. Zweifellos gibt es auch Textverarbeitungsprogramme, die hinsichtlich der Darstellung von Formeln bequemer zu bedienen sind. WordPerfect richtet sich an eine Vielzahl von Anwendern - und die Möglichkeiten, die das Programm bietet, sind so vielfältig, daß eine bis ins letzte ausgefeilte wissenschaftlich/mathematische Option den Rahmen des Möglichen wohl gesprengt hätte.

Dennoch soll betont werden, daß die Berechnung von mathematischen Formeln natürlich auch mit WordPerfect möglich ist. Nur - andere Programme können so etwas besser. Wir wollen uns daher an dieser Stelle mit einfachen Rechnungen begnügen.

WordPerfect stellt Rechenfunktionen zur Verfügung, mit denen sich ohne weiteres Rechnungen und, in Verbindung mit den vier Grundrechenarten, auch kleinere Kalkulationen erstellen lassen. Bei der Eingabe von Zahlen und der spaltenweisen Berechnung von Summen gehen Sie folgendermaßen vor:

- Tabulatorstops setzen

- Rechenspalten definieren

- Rechenfunktion aktivieren

- Zahlen, Operatoren und Text eingeben

- Berechnungen durchführen

- Rechenfunktion deaktivieren.

Tabulatorstops setzen

Sie werden sich erinnern, daß Tab-Stops auf jeder fünften Position des Zeilen-lineals eingerichtet sind. Diese Tabulatoren stehen zur Lösung von Rechenaufgaben zu eng beieinander. Der erste Schritt beim Einrichten neuer Tabulatoren besteht darin, zunächst einmal die bestehenden Tabulatoren zu löschen.

- Drücken Sie dazu die Tastenkombination FORMAT <SHIFT><F8>,<1>,<8> und <CTRL><END>.

Zum Setzen neuer Tabulatoren geben Sie die Position ein und drücken <ENTER>.

HINWEIS: Wenn die Rechenfunktion eingeschaltet ist, verhält sich die Taste <TAB> wie AUSRICHTEN <CTRL><F6>.

Sie können bis zu 24 Spalten einrichten (A-X). Die erste Zahlenspalte wird beim ersten Tab-Stop eingerichtet und nicht wie im Textmodus am linken Rand.

Rechenspalten definieren

Sie können zwischen vier Spaltentypen wählen. Standardmäßig sind die Spalten auf `Zahlen`eingestellt. Wenn Sie also lediglich Zahlen spaltenweise addieren wollen, können Sie diesen Schritt überspringen. Ansonsten wählen Sie

- mit MATH/SPALTEN <ALT><F7> das Rechenfunktionsmenü:

  1 Rechnen ein **2** Rechnen def. **3** Spalte ein/aus **4** Spalte def. :**0**

- Rufen Sie nun mit <2> das Rechendefinitionsmenü auf. Es erscheint folgendes Bild (vgl. Bild 101):

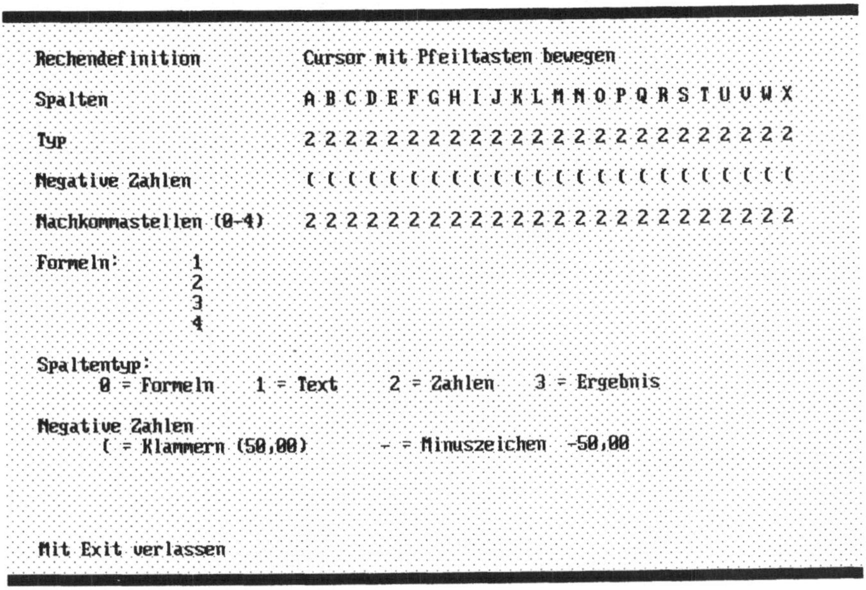

Bild 101: Rechendefinitionsmenü

Mit dem Cursor können Sie die Definitionsvorgaben für bis zu 24 Spalten (A bis X) ändern.

- Mit EXIT <F7> sichern Sie die neue Definition und kehren wieder ins Rechenfunktionsmenü zurück.

Folgende Spaltendefinitionen sind möglich:

Spaltentyp

0 Formeln   für die Erstellung und zeilenweise Berechnung von Formeln.

1 Text   zur Ergänzung der Zeilen mit Text.

2 Zahlen   zur Berechnung von Summen durch spaltenweises Addieren.

3 Ergebnis   um sich die Zwischensummen der linken Spalte anzeigen
                  zu lassen.

Negative Zahlen

Negative Zahlen werden dadurch gekennzeichnet, daß sie in Klammern gesetzt
werden oder ein `-`vorangestellt wird.

Nachkommastellen

WordPerfect kann bis zu vier Nachkommastellen anzeigen. Ab `0,5` wird
automatisch aufgerundet.

Rechenfunktion aktivieren

Aus dem Rechenfunktionsmenü

  - wählen Sie RECHNEN EIN <1> und aktivieren so die Rechenfunktion.

In der Statuszeile erscheint die Meldung *Rechnen*.

Zahlen, Operatoren und Text eingeben

Zahlen können in jeder Spalte eingegeben werden, jedoch können Sie in Textspalten nicht mit ihnen rechnen.

Damit WordPerfect eine Summe für Sie errechnen oder einfügen kann, müssen
Sie zuvor die Rechenoperatoren eingeben. Dabei können Sie folgende
Operatoren benutzen:

  + Zwischensumme: Addition derjenigen Zahlen, die unmittelbar oberhalb
    von `+`stehen.

  = Summe: Addition der Zwischensummen, die oberhalb von `+`stehen.

* Endsumme: Addition der Summen, die oberhalb von `*` stehen.

Z Einfügen zusätzlicher Zwischensummen.

S Einfügen zusätzlicher Summen.

N Wird `N` einer Zahl vorangestellt, so wird diese beim Berechnen als negative Zahl betrachtet. Auch in Kombination mit anderen Operatoren.

Die Operatoren werden auf dem Bildschirm angezeigt, beim Drucken jedoch nicht.

Text kann nur in Textspalten eingegeben werde, etwa in der äußersten linken Spalte, die nicht als Rechenspalte definiert ist.

Berechnungen durchführen

Wenn Text und Zahlen eingegeben sind, können Sie die Ergebnisse berechnen,

- indem Sie aus dem Rechenfunktionsmenü BERECHNEN <2> wählen.

Rechenfunktion deaktivieren

- Bewegen Sie den Cursor an das Ende Ihres Rechentextes und wählen Sie aus dem Rechenfunktionsmenü RECHNEN AUS <1>.

Die Meldung *Rechnen* in der Statuszeile wird ausgeblendet.

Rechnen mit Formeln

WordPerfect bietet die Möglichkeit, mathematische Formeln mit Spalten zu verknüpfen. Es gilt allerdings die Einschränkung, daß maximal vier Formeln pro Tabelle zulässig sind und jede Formel für die gesamte Zahlenspalte verbindlich ist.

Zur Eingabe der Formeln gehen Sie folgendermaßen vor:

- Rufen Sie mit MATH/SPALTEN <ALT><F7>,<2> das Rechendefinitionsmenü auf.

- Steuern Sie den Cursor unmittelbar unter die Spalte, die als Formelspalte definiert werden soll, und geben Sie <0> ein. Der Cursor springt jetzt zur Rechenformel 1 und gibt den Buchstaben der Spalte an, die Sie gewählt haben (dient der besseren Übersicht). Geben Sie nun die zu berechnende Formel ein.

Für die Formeldefinition stehen Ihnen folgene vier **Rechenoperatoren** zur Verfügung:

+ Addieren

- Subtrahieren

* Multiplizieren

/ Dividieren

Beispiel: Sie wollen in einer Spalte die Mehrwertsteuer auswerfen lassen. Definieren Sie die Spalte und geben Sie

Formel: </100*14>

ein.

Sie können in einer Formel Zahlen oder Spalten (durch Angabe des entsprechenden Spaltenbuchstabens) angeben. **Negative Zahlen** müssen mit einem Minuszeichen eingegeben werden. Im Ergebnis werden negative Zahlen in Klammern angezeigt. Diese Darstellungsweise können Sie jedoch im Rechendefinitionsmenü ändern.

Über die Grundrechenarten hinaus können Sie aber noch weitere vier **spezielle Formeln** vorgeben:

+ Addiert die Zahlen der vorangegangenen Zahlenspalten.

+/ Berechnung des Zahlendurchschnitts der vorangegangenen Zahlenspalten.

= Addiert die Zahlen der vorangegangenen Summenspalten.

=/ Errechnet den Durchschnitt vorangegangenen Summenspalten.

WordPerfect hält sich an die normale Rechenordnung - das heißt: Multiplikation und Division erfolgen vor Addition und Subtraktion. Klammerberechnungen werden vorgezogen.

RECHTSBÜNDIG

Wenn Sie Ihren Text, z.B. das Datum, am rechten Rand ausrichten wollen,

- drücken Sie die Taste RECHTSBÜNDIG <ALT><F6>. Der Cursor springt an den rechten Rand.

- Schreiben Sie den Text.

- Mit <ENTER> schalten Sie die Funktion wieder aus.

Möchten Sie schon bestehenden Text rechtsbündig ausrichten,

- markieren Sie die Passage mit der Blockfunktion <ALT> <F4> und Cursor. Der Text erscheint hell unterlegt.

- Drücken Sie die Taste RECHTSBÜNDIG <ALT><F6> und beantworten Sie die Frage *[Rbdg.]? (J/N)* mit <J>.

SCHREIBMASCHINE

WordPerfect bietet Ihnen mit dieser Funktion die Möglichkeit, Ihren Drucker wie eine normale Schreibmaschine zu gebrauchen. Dies ist vor allem dann von Nutzen, wenn Sie Schreibarbeiten zu erledigen haben, die nur mit einer Schreibmaschine auszuführen sind, wie Vordrucke ausfüllen, Memos erstellen, usw. Sie haben die Wahl zwischen zeichenweisem Drucken - jedes eingegebene Zeichen wird sofort an den Drucker ausgegeben - und zeilenweisem Drucken - eine Zeile wird erst vollständig eingegeben, kann noch verändert werden und wird erst dann ausgedruckt. Pro Zeile sind 200 Zeichen möglich.

- Drücken Sie DRUCK <SHIFT><F7> und <5> für SCHREIBMASCHINE.

- Wählen Sie <1> für zeilenweises oder <2> für zeichenweises Drucken.

- Bei zeilenweisem Drucken müssen Sie nach Eingabe einer Zeile die <ENTER>-Taste betätigen.

- Mit EXIT <F7> oder STORNO <F1> wird die Schreibmaschinenfunktion verlassen.

Der Text wird dort gedruckt, wo sich der Druckkopf befindet. Mit Hilfe der Pfeiltasten <←>und <→> kann der Druckkopf um je ein Zeichen nach links oder rechts gerückt werden (Diese Steuerung des Druckkopfs durch die Pfeiltasten ist jedoch bei einigen Druckern nicht möglich.). Der Schreibwagen läßt sich mit den Pfeiltasten <↑> und <↓> versetzen.

Um den Cursor zu bewegen, müssen Sie die Tasten <HOME> und <←>oder <→> betätigen.

Eine zuvor gedruckte Zeile können Sie wieder zur Bearbeitung an den Bildschirm holen,

- indem Sie die Zeile mit Hilfe der Verschiebefunktion <CTRL><F4> in die untere Bildschirmzeile kopieren.

SCHRIFT

Siehe: Font.

SEITE DRUCKEN

Gehen Sie mit <SHIFT><F7> ins DRUCK-Menü.

- Geben Sie <2> SEITE ein.

Der Drucker druckt nun die Seite, auf der Sie sich gerade auf Ihrem Bildschirm befinden.

SEITE LÖSCHEN

Mit <CTRL><PgDn> können Sie die gesamte Seite, von Cursorposition bis
Seitenende, löschen.

SEITENFORMAT

Abgesehen von der Textformatierung bietet ein modernes Textverarbeitungsprogramm die Möglichkeit, Seiten zu formatieren und so dem Ausdruck ein
individuelles Aussehen zu geben.

```
Seitenformat

    1 - Zentrieren zw. oberem und unterem Blattrand    Nein

    2 - Gerade/ungerade Seitenzahl erzwingen

    3 - Kopftext

    4 - Fußtext

    5 - Blattrand - Oben                                2,54c
                    Unten                               2,54c

    6 - Neue Seitenzahl                                 259
        (Bsp.: 3 oder III)

    7 - Seitennumerierung                               Oben Mitte

    8 - Papier: Größe                                   21c x 29,7c
               Art                                      Standard

    9 - Format der aktuellen Seite unterdrücken

   Auswahl: 0
```

Bild 102: Seitenformat

Sie ändern eine Seitenformatvorgabe, indem Sie

- FORMAT <SHIFT><F8> aufrufen und <2> eingeben für SEITE.

- Wählen Sie die gewünschte Funktion und verändern Sie die Standard-
  werte nach Ihren Vorstellungen (vgl. Bild 102).

- Mit EXIT <F7> kehren Sie wieder in den Text zurück.

Folgende Einstellungen sind möglich:

ZENTRIEREN ZWISCHEN OBEREM UND UNTEREM BLATTRAND
Ihr Text wird beim Drucken zwischen dem oberen und unteren Blattrand zentriert.

GERADE/UNGERADE SEITENZAHL ERZWINGEN
Sie können festlegen, daß auf einer bestimmten Seite nur eine gerade bzw.
ungerade Seitenzahl vergeben wird.

KOPF- und FUßTEXT
Dabei wird jeweils der gleiche Text, etwa eine Kapitelüberschrift, am oberen
bzw. unteren Rand jeder Seite gedruckt.

OBERER/UNTERER BLATTRAND
Oberer und unterer Blattrand lassen sich mit dieser Option neu definieren.

NEUE SEITENZAHL
Hierbei können Sie die Seitennumerierung auf jeder beliebigen Seite mit jeder
beliebigen Zahl beginnen lassen. Ab dieser Seite wird dann fortlaufend weiter-
gezählt. Außerdem können Sie bestimmen, ob die neue Seitenzahl in arabischen oder römischen Ziffern erfolgen soll.

SEITENNUMERIERUNG
Hier können Sie genau die Position angeben, an der die Seitenzahl gedruckt
werden soll.

PAPIER: GRÖßE/ART
Mit dieser Option lassen sich Papiergröße und Papierart ändern.

FORMAT DER AKTUELLEN SEITE UNTERDRÜCKEN
Mit Hilfe dieser Funktion können verschiedene Seitenformatvorgaben für die
aktuelle Seite unterdrückt werden.

SEITENFORMAT UNTERDRÜCKEN

Wenn Sie Seitenformat-Angaben für eine bestimmte Seite unterdrücken wollen,

- bringen Sie den Cursor an den Seitenanfang vor die versteckten Steuerzeichen.

- Drücken Sie FORMAT <SHIFT><F8>,<2> und <9> (vgl. Bild 103).

- Wählen Sie die Spezifikationen, die Sie unterdrücken wollen aus, und bestätigen Sie mit EXIT <F7>.

- Mit erneutem Drücken von EXIT <F7> kommen Sie wieder in Ihren Text.

```
Seitenformat

    1 - Zentrieren zw. oberem und unterem Blattrand    Nein

    2 - Gerade/ungerade Seitenzahl erzwingen

    3 - Kopftext

    4 - Fußtext

    5 - Blattrand - Oben                               2,54c
                    Unten                              2,54c

    6 - Neue Seitenzahl                                262
        (Bsp.: 3 oder III)

    7 - Seitennumerierung                              Oben Mitte

    8 - Papier: Größe                                  21c x 29,7c
                Art                                    Standard

    9 - Format der aktuellen Seite unterdrücken

  Auswahl: 0
```

Bild 103: Seitenformat unterdrücken

SEITENNUMERIERUNG

Beim Schreiben von längeren Texten, Manuskripten und Büchern empfiehlt es sich, die Seiten durchzunumerieren. Das erleichtert nicht nur das Auffinden bestimmter Passagen, es ist in Verbindung mit Inhalts- und Stichwortverzeichnissen unerläßlich.

- Gehen Sie also mit <SHIFT><F8> ins Menü FORMAT und wählen Sie dann <2> und <7>.

Es erscheint das Untermenü zur Seitennumerierung.

- Durch Wahl der entsprechenden Zahl wird die Art der Seitennumerierung gewählt (vgl. Bild 104).

- Mit EXIT <F7> kehren Sie wieder in den Text zurück.

Die Eingabe <9> bewirkt, daß eine vorhergehende Seitennumerierung wieder ausgeschaltet wird. Mit <9> können Sie beispielsweise in einem längeren Text die Seitennumerierung nach Zählen der ersten zehn Seiten wieder abschalten. Im übrigen erklären sich die hier angebotenen Optionen von selbst.

Sie sollten die Ziffern <4> und <8> nur dann wählen, wenn Ihr Text entweder in Buchform erscheinen oder beidseitig kopiert werden soll.

Mit <CTRL><B> haben Sie die Möglichkeit, die Seitenzahl an einer beliebigen Position der Seite zu drucken oder der Seitenzahl noch Text hinzuzufügen. Beispielsweise können Sie im Kopf- oder Fußtext <Seite><CTRL><B> eingeben.

Die Seitenzahlen werden lediglich beim Ausdruck sichtbar. Allerdings bietet WordPerfect die Möglichkeit, sich das Druckbild vorweg anzuschauen:

- Die Tastenkombination <SHIFT><F7>,<6> bringt eine Vorschau.

HINWEIS: Bei der Verwendung von Seitenzahlen wird die Zeilenhöhe
des Seitenzahlenfonts plus 0,42 cm (für eine Leerzeile) vom
Textbereich der Seite abgezogen. Ihnen steht damit nicht
mehr die übliche Zeilenanzahl pro Seite zur Verfügung.

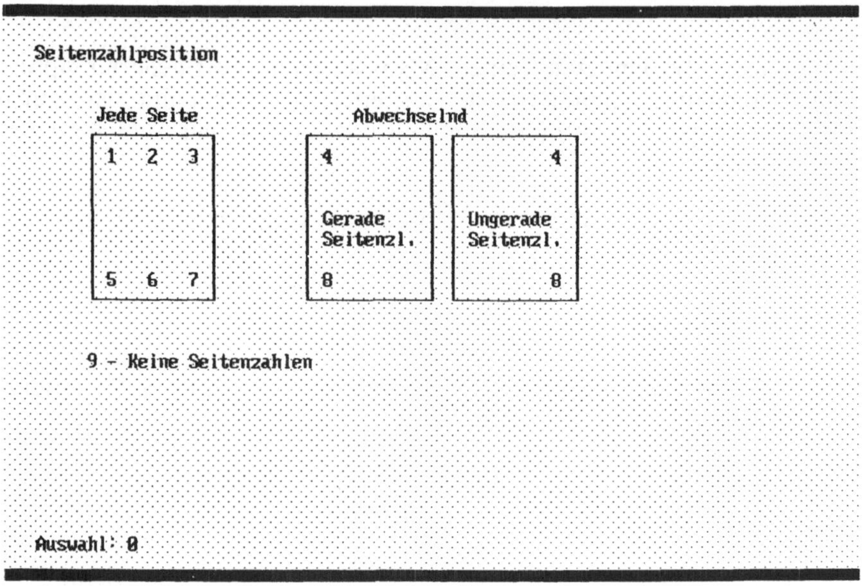

*Bild **104**: Seitenzahl setzen*

SICHERN EINER DATEI

Möchten Sie einen Text sichern und gleichzeitig diesen Text oder überhaupt WordPerfect verlassen,

- drücken Sie EXIT <F7>. Geben Sie <J> ein und den Namen der Datei, die gespeichert werden soll.

- Anschließend können Sie mit <N> den Bildschirm löschen, um einen anderen Text zu bearbeiten, oder mit <J> WordPercfect verlassen.

Für eine "**Zwischendurchspeicherung**", d.h. Sie wollen den Text nach der Sicherung noch weiterbearbeiten,

- drücken Sie <F10> und geben die Dateibezeichnung der zu sichernden Datei an.

Danach befinden Sie sich immer noch im Textmodus in derselben Datei.

SILBENTRENNUNG

Der automatische Zeilenumbruch bewirkt, daß WordPerfect Wörter, die nicht mehr in die Zeile passen, automatisch in die nächste Zeile übernimmt. Da die deutsche Sprache - anders übrigens als die englische - mehr zusammengesetzte Wörter kennt, entstehen oft Lücken im Text, die normalerweise durch Trennung vermieden werden. WordPerfect bietet Ihnen eine manuelle und eine automatische Silbentrennung an. Sie schalten die Silbentrennung ein, indem Sie

- FORMAT <SHIFT><F8> aufrufen und das Zeilenformatmenü mit <1> anfordern.

- Wenn Sie nun SILBENTRENNUNG <1> eingeben, können Sie mit der Option <2> die manuelle Trennung aktivieren und mit Option <3> die automatische.

- Mit Option <1> schalten Sie die Trennung wieder aus.

Manuelle Trennung   Bei der manuellen Trennung werden Sie bei jedem Wort, das eine Trennung erforderlich macht, aufgefordert, die Trennung zu bestätigen. Es erscheint die Meldung *Trennstrich einfügen: ESC drücken*, zusammen mit dem betreffenden Wort. Mit den Pfeiltasten können Sie den Trennstrich an die richtige Stelle bringen und dann <ESC> drücken, um das Wort zu trennen.

Automatische Trennung Jetzt führt WordPerfect die meisten Trennungen automatisch durch, d.h. auf der Grundlage grammatischer Regeln. Findet es für ein Wort keine Regel, wird die manuelle Silbentrennung aktiviert, so daß Sie auch hier noch manchmal aufgefordert werden, einen Trennstrich zu positionieren.

Soll ein Wort nicht getrennt, sondern ganz in die nächste Zeile übernommen werden, können Sie die Trennung mit <F1> stornieren.

Soll die Silbentrennung vorübergehend ausgeschaltet werden, während Sie den Text durchblättern, drücken Sie bei der ersten Trennmeldung EXIT <F7>.

Bindestrich-Wörter werden automatisch an der Trennstrichposition getrennt. Sollen sie jedoch wie ein Wort behandelt werden, drücken Sie vor Eingabe von <-> die HOME-Taste.

Wenn Sie den Trennstrich von Hand einfügen möchten, geben Sie <CTRL><-> ein.

Siehe: Randzone.

SONDERZEICHEN

Um Sonderzeichen darstellen zu können, die nicht auf der üblichen Tastenbelegung zu finden sind, bietet WordPerfect einige, leicht zu handhabende Funktionen.

Zeichenkombination

Mit der Funktion ZEICHENKOMBINATION können Sie zwei oder mehr Zeichen an derselben Position drucken lassen und so über die Tastatur Zeichen erzeugen, über die Ihr Drucker nicht verfügt, etwa chemische Symbole oder fremdsprachliche Zeichen.

Am Bildschirm erscheint nur das letzte eingegebene Zeichen.

- Bringen Sie den Cursor an die Stelle, wo die Zeichenkombination erstellt werden soll.

- Drücken Sie FORMAT <SHIFT><F8> und <4> ANDERE.

- Wählen Sie ZEICHENKOMBINATION <5> und <1> für ERSTELLEN.

- Geben Sie die gewünschten Zeichen ein.

- Mit EXIT <F7> kehren Sie wieder in den Text zurück.

Hochgestellte Zeichen

Bei chemischen oder mathematischen Formeln müssen oft einzelne Zeichen hoch- oder tiefgestellt werden.

Um etwa 'A^2' zu schreiben,

- geben Sie ein <A>,

- drücken dann FONT <CTRL><F8>,<1> und <1> für HOCH.

- Schreiben Sie dann <2>.

- Mit FONT <CTRL><F8>,<3> schalten sie dann die Hochstellung wieder aus.

Tiefgestellte Zeichen

Wenn Sie z.B. 'H_2O' schreiben möchten,

- geben Sie <H> ein,

- wählen dann FONT <CTRL><F8>,<1>,<2>

- und schreiben <2>.

- Dann drücken Sie FONT <CTRL><F8>,<3>, um die Tiefstellung wieder auszuschalten, und schreiben <O>.

Diagraphe

Diagraphen sind feststehende Kombinationen von Buchstaben. Sie lassen sich mit der Funktion SONDERZEICHEN erzeugen und - abhängig von Ihrem Drucker - auch ausdrucken und auf dem Bildschirm darstellen.

-   Drücken Sie SONDERZEICHEN <CTRL><2>.

-   Geben Sie das erste Zeichen ein.

-   Geben Sie das zweite Zeichen ein.

Dabei spielt es keine Rolle, welchen Buchstaben Sie zuerst eingeben. Es lassen sich z.B. folgende Diagraphen erstellen:

Eingabe:	Ausgabe:
AE	Æ
ae	æ
-L	£
ox	¤
ss	ß

Diakritische Zeichen

Diakritische Zeichen sind Attribute von Buchstaben, die auf deren Aussprache hinweisen, etwa die Akzente im Französischen. Sie werden genauso erstellt wie Diagraphen.

Eingabe: Ausgabe:

~n   ñ

'e   é

^u   û

"o   ö

Sonderzeichen aus dem Zeichensatz

Sonderzeichen lassen sich auch mit folgender Kombination erstellen:

- <CTRL><2>,<Zeichensatznummer>,<,>,<Zeichenkennziffer>,
  <ENTER>.

WordPerfect bietet 14 Zeichensätze an, die von 0 bis 13 durchnumeriert sind.
Der ASCII-Zeichensatz hat z.B. die Zeichensatznummer '0'. Zeichenkennziffer
ist hierbei beispielsweise für das Zeichen '#' die '35'.

ASCII-Zeichen lassen sich auch einfacher eingeben,

- indem Sie, während Sie die Taste <ALT> gedrückt halten, die Nummer
  für das Zeichen eingeben.

SORTIERFUNKTIONEN

Mit den Auswahl- und Sortierfunktionen von WordPerfect lassen sich Tabellen automatisch in eine numerische oder alphabetische Reihenfolge bringen. Diese Operationen sind unabhängig von der Größe der zu sortierenden Datei. Sie können Teile einer Datei als Block markieren und sortieren, und Sie können zeilenweise, abschnittsweise und dateiübergreifend sortieren. WordPerfect sieht bis zu neun Sortierschlüssel vor. Die Sortierung kann auf dem Bildschirm, auf einer Diskette oder einer Harddisk durchgeführt werden.

Zunächst einiges über die verschiedenen Begriffe, mit denen Sie es bei dieser Funktion zu tun haben:

Datensätze sind die Einheiten einer Datei, die in eine bestimmte Reihenfolge gebracht werden sollen. Beim Sortieren von Zeilen wird jede Zeile als Datensatz betrachtet. Hierbei kann die Zeile mit einem, von WordPerfect automatisch durchgeführten, Zeilenumbruch enden oder mit einer festen Zeilenschaltung. Beim Sortieren von Absätzen stellt jeder Absatz einen Datensatz dar. Absätze müssen mit zwei oder mehreren festen Zeilenschaltungen abgeschlossen werden.

Datensätze werden in Wörter, Felder oder Zeilen unterteilt, um angeben zu können, nach welchen Kriterien ("keys") sortiert werden soll.

Wörter sind durch Leerzeichen voneinander getrennt. Sie werden in der Regel von links nach rechts gezählt, können jedoch auch von rechts nach links gezählt werden, indem man bei der Angabe des Key negative Zahlen verwendet.

Felder sind durch Tab-Sprünge oder durch die Funktion EINRÜCKEN <F4> voneinander getrennt. Ein Datensatz kann beliebig viele Felder enthalten. Felder mit derselben Nummer müssen auch stets dieselbe Art von Daten enthalten. Steht beispielsweise beim ersten Datensatz in Feld 8 die Telefonnummer, so müssen alle übrigen Datensätze auch in Feld 8 die Telefonnummer enthalten.

Zeilen werden durch einen automatischen Zeilenumbruch oder durch eine feste Zeilenschaltung voneinander getrennt. Sie werden in der Regel von oben nach unten gezählt.

Mit den **Keys** gibt man die Kriterien (Felder, Wörter oder Zeilen) an, nach
denen das Sortieren oder Selektieren durchgeführt werden soll. Soll z.B. eine
Datei nach der Postleitzahl sortiert werden, die in Feld 3 steht, definiert man
als Key 1 Feld 3. Durch die Angabe mehrerer Keys können mehrere, einander
untergeordnete Sortier- oder Suchkriterien angegeben werden, wobei Key 1 die
höchste Priorität hat, Key 2 die zweithöchste usw. So läßt sich z.B. eine
Adreßdatei erst nach der Postleitzahl sortieren, und alle Datensätze mit der
gleichen Postleitzahl dann noch alphabetisch nach dem Namen.

Mit dem **Key-Typ** können Sie angeben, ob nach Buchstaben und Zahlen (a-
lphanumerisch) oder nur nach Zahlen (numerisch) sortiert werden soll. Zahlen
als alphanumerische Keys müssen die gleiche Länge aufweisen, während Zahlen als numerische Keys verschieden lang sein dürfen.

Beim Sortieren gehen Sie folgendermaßen vor:

- Geben Sie <CTRL><F9>,<2> ein, um ins Sortiermenü zu gelangen.

- Drücken Sie <ENTER>, wenn der auf dem Bildschirm angezeigte Text
  sortiert werden soll, oder geben Sie den Namen der Datei an, wenn
  diese sich auf der Diskette oder Festplatte befindet.

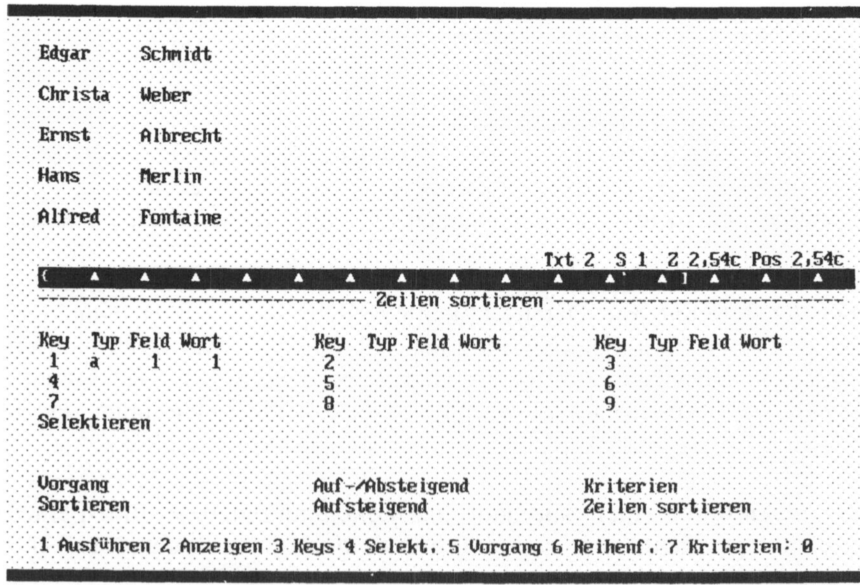

Bild 105: Sortiermenü

- Wenn der angezeigte Text mit dem sortierten überschrieben werden soll, geben Sie <ENTER> ein, andernfalls den Namen, unter dem die sortierte Datei abgelegt werden soll.

Das nun auf dem Bildschirm erscheinende Sortiermenü bietet Ihnen folgende Optionen an (vgl. Bild 105):

1 Ausführen 2 Anzeigen 3 Keys 4 Selekt.
5 Vorgang 6 Reihenf. 7 Kriterien: 0

- Als erstes entscheiden Sie mit KRITERIEN <7>, ob Sie einen Absatz, eine Zeile oder eine Sekundärdatei sortieren wollen. Voreingestellt ist zeilenweises Sortieren.

- Mit REIHENF. <6> geben Sie an, ob das Sortieren aufsteigend (von A nach Z oder von 0 nach 9) oder absteigend erfolgen soll. Voreingestellt ist aufsteigendes Sortieren.

- Danach geben Sie mit KEYS <3> die Nummern der Felder bzw. Wörter ein, anhand derer der Text sortiert werden soll.

- Nun können Sie mit AUSFÜHREN <1> den Sortiervorgang starten.

Möchten Sie aus einer Datei verschiedene Datensätze selektieren, die ein gemeinsames Kriterium erfüllen (etwa eine Liste von Personen, die im selben Monat Geburtstag haben),

- wählen Sie aus dem Sortiermenü SELEKT. <4> aus.

- Geben Sie nun die Selektionsanweisung ein.

    Bsp.:   key=Mai

Soll in allen Feldern nach dem Begriff "Mai" gesucht werden, setzen Sie nach "key" ein "g" für global:

    Bsp.: keyg=Mai

Als nächstes müssen Sie die Keys definieren, in denen nach dem entsprechenden Begriff gesucht werden soll.

- Wählen Sie dazu KEYS <3>.

Das Selektionsmenü gibt Ihnen die Möglichkeit, mit Hilfe von Symbolen verschiedene Keys für eine Selektionsanweisung miteinander zu kombinieren.

<+> ODER Datensätze, die mindestens einer der beiden Bedingungen entsprechen, werden ausgewählt.

Bsp.: key1=Januar + key3=1960

(Alle Personen, die entweder im Januar oder im Jahre 1960 geboren sind)

<*> UND Datensätze, für die beide Bedingungen zutreffen

Bsp.: key1=Januar * key3=1960

(Alle Personen, die im Januar 1960 geboren sind)

<=> Wählt alle Datensätze aus, die in dem betreffenden Key dieselben Angaben aufweisen.

Bsp.: key3 = 1960

(Alle Datensätze, die im dritten Datensatz "1960" stehen haben)

<<>> Wählt Datensätze aus, die eine bestimmte Angabe in dem angegebenen Key nicht enthalten.

Bsp.: key3 <> 1960

(Alle Personen, die nicht 1960 geboren sind)

<>>   Selektiert Datensätze, deren Angaben größer als die Angaben für
             einen genannten Key sind.

             Bsp.: key3 > 1960

             (Alle Personen, die nach 1960 geboren sind)

<<>   Selektiert Datensätze, deren Angaben kleiner sind als die Angaben
             für einen genannten Key.

             Bsp.: key1 < Februar

             (Personen, die im April, August oder Dezember geboren sind)

<>=>   Selektiert Datensätze, deren Angaben größer oder gleich den An-
             gaben für einen genannten Key sind.

             Bsp.: key3 >= 1960

             (Personen, die 1960 oder später geboren sind)

<<=>   Selektiert Datensätze, deren Angaben kleiner oder gleich den An-
             gaben für einen genannten Key sind.

             Bsp.: key1 <= Februar

             (Personen, die im Februar, April, August oder Dezember geboren
             sind.)

Was innerhalb der Selektionsanweisungen in Klammern steht, hat Priorität.

Ebenso können auch **Sekundärdateien** sortiert werden. Dabei sind Datensätze
durch Mischbefehle ^E voneinander getrennt und Felder durch Mischbefehle
^R.

SPALTENDEFINITION

Mit WordPerfect können Sie **vertikale** (Textspalten im Zeitungsstil) und **parallele** Spalten definieren.

Bei Spalten im Zeitungsstil fließt der Text von oben nach unten durch die Spalten auf einer Seite (wie bei Zeitungsartikeln).

Bei Parallelspalten ist die Information parallel über mehrere Spalten verteilt (etwa bei Inventuraufstellungen). Bei Parallelspalten mit Blockschutz wird verhindert, daß ein Textblock innerhalb einer Spalte durch einen Seitenumbruch auseinandergerissen wird.

```
Textspaltendefinition

    1 - Typ                              Zeitungsstil

    2 - Spaltenanzahl                    2

    3 - Spaltenabstand

    4 - Ränder

    Spalte   Links     Rechts    Spalte   Links     Rechts
      1:     2,54c     9,87c      13:
      2:    11,14c    18,46c      14:
      3:                          15:
      4:                          16:
      5:                          17:
      6:                          18:
      7:                          19:
      8:                          20:
      9:                          21:
     10:                          22:
     11:                          23:
     12:                          24:

  Auswahl: 0
```

Bild 106: Spaltendefinitionsmenü

- Drücken Sie MATH/SPALTEN <ALT><F7>.

- Wählen Sie <4> SPALTE DEF.

- Definieren Sie die gewünschten Spalten mit <1> (vgl. Bild 106).

- Wählen Sie SPALTENANZAHL <1>. Bis zu 24 Spalten quer über das Blatt sind möglich.

- Geben Sie mit <4> die RÄNDER an.

Nachdem Sie die Anzahl der Spalten angegeben haben, errechnet WordPerfect die Spaltenränder und zeigt diese für jede einzelne Spalte an, unter der Voraussetzung, daß alle Spalten gleich groß sind. Es lassen sich jedoch jederzeit Spalten unterschiedlicher Breite definieren.

Sie haben die Möglichkeit, Spalten nebeneinander darzustellen oder jede Spalte auf einer extra Seite, um sich etwa das Erstellen und Bearbeiten des Spaltentexts zu erleichtern.

- Gehen Sie dazu ins STARTMENÜ <SHIFT><F1> und wählen Sie BILDSCHIRM <3>.

- Mit Option <8> können Sie die Spalten separat darstellen oder nebeneinander.

SPALTEN VERSCHIEBEN

Text- und Zahlenkolonnen, die durch Ausrichten, Einrücken, Tabs oder feste Zeilenschaltungen definiert sind, können verschoben werden.

- Bringen Sie den Cursor an den Anfang der zu verschiebenden Spalte.

- Markieren Sie die Spalte mit der Blockfunktion <ALT> F4> und Cursor.

- Drücken Sie VERSCHIEBEN <CTRL><F4>.

- Wählen Sie <1> für BLOCK.

- Geben Sie <1> für VERSCHIEBEN oder <2> für KOPIEREN ein.

- Steuern Sie den Cursor auf den Punkt, wo die Spalte eingefügt werden soll.

- Rufen Sie mit <ENTER> die Spalte ab.

SPRACHE

Wenn Sie mehrsprachige Texte bearbeiten, brauchen Sie für jede Sprache die entsprechenden Lexikon-, Thesaurus- und Silbentrennungsdateien.

- Rufen Sie FORMAT <SHIFT><F8> auf und wählen ANDERE <4>.

- Bei Option SPRACHE <4> können Sie den Code der entsprechenden Sprache eingeben.

Hier eine Auswahl der gebräuchlichsten Sprachcodes:

    DE   Deutsch

    ES   Spanisch

    FR   Französisch

    IT   Italienisch

US   Amerikanisches Englisch

UK   Britisches Englisch

STANDARDLAUFWERK ÄNDERN

- Drücken Sie DATEIVERZEICHNIS <F5> und ändern Sie mit <=>-
  <neues laufwerk> das Standardlaufwerk.

- Zweite Möglichkeit: Drücken Sie DATEIVERZEICHNIS <F5>-
  <ENTER>,<7> und wählen Sie dann das neue Standardlaufwerk.

STANDARDVORGABEN

Wenn Sie WordPerfect zum ersten Mal starten, sind bereits bestimmte Funktionen voreingestellt. Sie können diese Standardvorgaben für Ihren aktuellen Text über das **Formatmenü** ändern und für alle Texte über das **Startmenü**.

Zur Änderung der Standard-Codes (**Format**)

- rufen Sie FORMAT <SHIFT><F8> aus, wählen TEXT <3> und geben
  <2> ein.

Auf dem Bildschirm erscheinen nun die Codes für die Standardvorgaben. Sie können sie ändern, indem Sie die entsprechenden Funktionen aufrufen.

- Rufen Sie also FORMAT <SHIFT><F8> auf, wählen die gewünschte
  Option und geben die neuen Werte ein.

- Mit EXIT <F7>, EXIT <F7>, EXIT <F7> kehren Sie wieder in den
  Text zurück.

Zur Änderung der Standardvorgaben (**Startmenü**)

- rufen Sie STARTMENÜ <SHIFT><F1> auf und wählen STANDARD-
  VORGABEN <5>.

- Wählen Sie aus dem Menü eine Option aus und machen die geforder-
  ten Angaben (vgl. Bild 107).

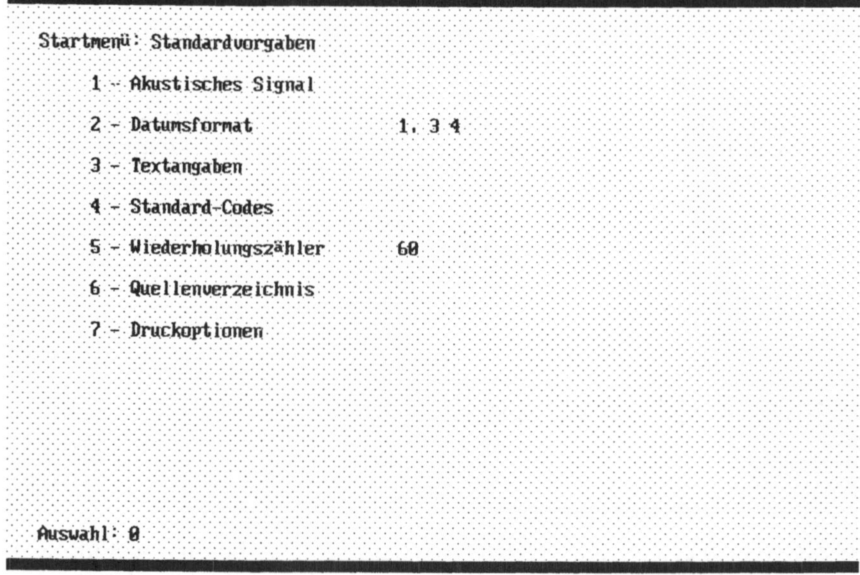

Bild 107: STARTMENÜ: STANDARDVORGABEN

STEUERZEICHEN

WordPerfect hält den Bildschirm von Steuerzeichen frei, damit der auf dem Bildschirm angezeigte Text möglichst genau dem gedruckten Text entspricht. Wenn Sie eine Funktion eingeben, wird das Programm in den allermeisten Fällen aber ein verstecktes Steuerzeichen einfügen.

- Diese Codes können mit der Funktion STEUERZEICHEN <ALT><F3> sichtbar gemacht werden.

Das ist oft nützlich, wenn Sie bestimmte Format-Angaben vergessen haben, oder scheinbar unüberwindliche Probleme bei der Textbearbeitung auftreten. (vgl. Bild 108)

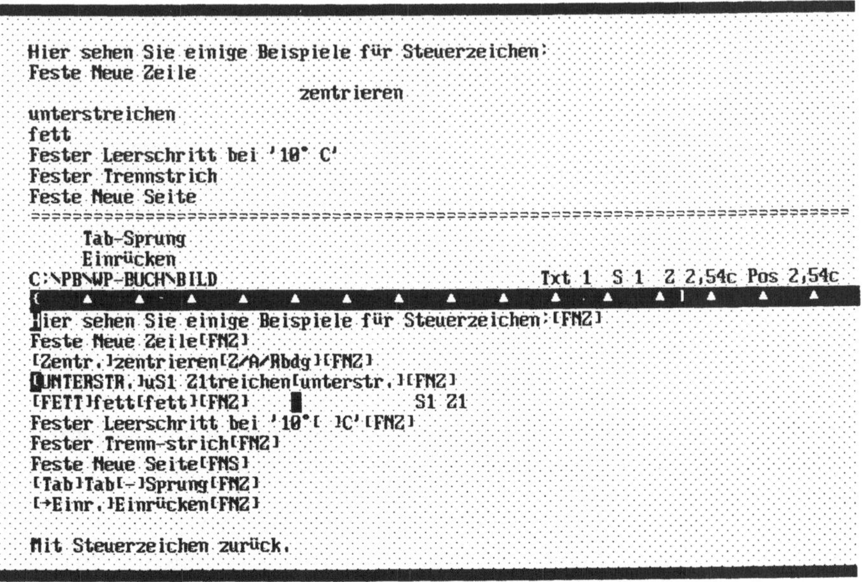

*Bild **108**: Steuerzeichenbildschirm*

Steuerzeichen können sowohl im normalen Textbildschirm als auch im Steuerzeichenbildschirm mit <BACKSPACE> oder <DEL> gelöscht werden. Im Steuerzeichenbildschirm können Sie Text eingeben und mit sämtlichen WordPerfect-Funktionen arbeiten.

- Durch Drücken von STEUERZEICHEN <ALT><F3> gelangen Sie in die normale Textdarstellung zurück.

STICHWORTVERZEICHNIS

Während in einem **Inhaltsverzeichnis** die Themen der einzelnen Textabschnitte aufgeführt werden und damit eine großzügigere Übersicht über die Thematik gewährt wird, dient das **Stichwortverzeichnis** dazu, bestimmte Textstellen ganz gezielt aufzusuchen. WordPerfect ermöglicht die automatische Erstellung eines Indexes. Bei der Erstellung eines Indexes wird in drei Schritten vorgegangen:

1. Stichwörter markieren

2. Index definieren

3. Index generieren

Die Erstellung eines Indexes läuft nicht vollautomatisch ab. Sie müssen jeden Begriff, den Sie in den Index übernehmen wollen, individuell markieren. Diese Arbeit können Sie bereits während des Schreibens erledigen. Sie können aber auch anschließend den Text nach Stichwörtern "durchforsten".

Das Stichwortverzeichnis kann Stichworte und Unterstichworte bis zu einer Länge von 73 Zeichen enthalten. Stichworte beginnen automatisch mit einem Großbuchstaben, Unterstichworte beginnen mit einem Kleinbuchstaben, sofern Sie nicht ausdrücklich eine andere Schreibweise wünschen.

Bevor man die Erstellung des Stichwortverzeichnisses in Angriff nimmt, sollte man sich deshalb genau überlegen, welche Einträge als Haupteinträge ausgewiesen werden sollen. Auch ist dringend anzuraten, sich durchgängig für die Schreibweise einzelner Begriffe zu entscheiden, da es sonst vorkommen kann, daß gleiche Begriffe in unterschiedlicher Schreibweise auch im Stichwortverzeichnis erscheinen - was keinen besonders guten Eindruck macht.

Stichwörter markieren

Die Stichwörter Ihres Textes müssen markiert werden, damit WordPerfect erkennen kann, welche Wörter Sie in das Stichwortverzeichnis übernehmen wollen.

- Bringen Sie deshalb den Cursor auf einen beliebigen Buchstaben des zu markierenden Wortes, und übernehmen Sie es anschließend mit der Tastenfunktion TEXT MARKIEREN <ALT><F5>,<3> in den Index.

Wenn Sie statt des angezeigten Stichwortes ein anderes eingeben, wird das erste als Vorschlag für das Unterstichwort angeboten.

Treten einzelne Stichwörter mehrmals im Text auf, ist es sinnvoll, diese in eine **Konkordanzdatei** einzutragen. Sie werden dann auch ohne vorheriges Markieren in den Index aufgenommen.

Stichwortverzeichnis definieren

WordPerfect weiß natürlich nicht, an welcher Stelle Ihres Textes der Index ausgedruckt werden soll. Wenn Sie den entsprechenden Befehl geben, wird ein entsprechendes Steuerzeichen eingesetzt, das dem Programm mitteilt, daß an dieser Stelle der Index erscheinen soll. Normalerweise wird das Stichwortverzeichnis nach der letzten Textseite angeordnet.

- Cursor ans Textende steuern und mit <CTRL><ENTER> eine (feste) neue Seite beginnen.

- Nun können Sie eine Indexüberschrift eingeben und durch Betätigen der ENTER-Taste Leerzeilen einfügen.

- Drücken Sie TEXT MARKIEREN <ALT><F5> und wählen Sie DEFI-NIEREN <5>.

- Geben Sie <3> ein für INDEX.

- Geben Sie den Namen der Konkordanzdatei ein, oder - falls keine vorhanden - fahren Sie mit <ENTER> fort.

- Zum Schluß wählen Sie die Numerierart für die Seitenzahlen des Indexes.

Stichwortverzeichnis erstellen

Nachdem nun alle Wörter, die ins Stichwortverzeichnis übernommen werden sollen, markiert sind,

- drücken Sie bitte die Tastenkombination TEXT MARKIEREN <ALT><F5> und wählen aus dem in der Statuszeile erscheinenden Menü die <6>.

Es erscheint das Menü "Text markieren: Erstellen".

- Sie wählen daraus die <5>: VERZEICHNISSE, INDIZES, TEXTVER-WEIS(E) USW. (vgl. Bild 109).

WordPerfect antwortet mit der Frage:

Bestd. Verzeichn., Listen und Indizes werden überschrieben. Weiter? (J/N)
Ja

Bild 109: Stichwortverzeichnis erstellen

Wenn Sie bereits einen Index erstellt haben und diesen nur neu generieren wollen, dann geben Sie <N> ein und bestätigen mit <ENTER>. Ansonsten geben Sie <J> ein. WordPerfect durchsucht jetzt die Datei nach markierten Textteilen und übernimmt, sobald der entsprechende Code gefunden ist, den Text in das Stichwortverzeichnis.

Ein Tip an dieser Stelle: Wenn das Stichwortverzeichnis fertig ist, überprüfen Sie es bitte nach gleichlautenden Worten. Möglicherweise haben Sie bzw. WordPerfect einzelne Begriffe in Singular und Plural übernommen. Löschen Sie die Textstellen in der Mehrzahl. Am besten Sie gewöhnen sich an, beim Index nur im Singular zu arbeiten.

STORNO

STORNO <F1> storniert die letzte Tasteneingabe.

- Ein WordPerfect-Menü oder eine WP-Meldung verschwindet wieder vom Bildschirm.

- Gelöschter Text kann innerhalb der letzten drei Löschungsvorgänge zurückgeholt werden.

- Die Blockfunktion wird ausgeschaltet.

- Ein Such- oder Macrovorgang kann abgebrochen werden.

- Bei eingeschalteter Silbentrennung kann der Silbentrennungsvorschlag von WordPerfect storniert und das Wort in die nächste Zeile übernommen werden.

SUCHEN RÜCKWÄRTS

- Drücken Sie ←SUCHEN<SHIFT><F2>, wenn Sie von Cursorposition aus einen Begriff, ein Wort oder ein Sonderzeichen rückwärts suchen wollen.

Verfahren Sie analog zu SUCHEN VORWÄRTS.

SUCHEN UND ERSETZEN

Siehe: Ersetzen.

SUCHEN VORWÄRTS

Mit dieser Funktion können Sie Ihren Text von Cursorposition an bis Textende nach Wörtern, Zeichenfolgen oder Steuerzeichen durchsuchen.

- Drücken Sie →SUCHEN <F2>.

- Geben Sie das Wort oder den Begriff ein, den Sie suchen, und drücken
  Sie erneut <F2>.

  Der Cursor stoppt an der Stelle, an der die gesuchte Zeichenfolge zum
  ersten Mal im Text auftaucht.

- Durch zweimaliges Drücken von <F2> kann der Suchvorgang fortgesetzt werden.

Wurde die gesuchte Zeichenfolge nicht gefunden, erscheint in der Statuszeile
die Meldung * *Nicht gefunden* *.

Nach Drücken von <F2> können Sie die Suchrichtung - ob vorwärts oder
rückwärts - auch mit den Pfeiltasten <↑> und <↓> angeben.

Wird das Suchwort in Kleinbuchstaben eingegeben, wird nach diesem Wort in Klein- und in Großschreibung gesucht. Wird es in Großbuchstaben eingegeben, so findet WordPerfect das Wort nur in Großbuchstaben.

Wenn Sie auch Kopf- und Fußtext, Fuß- und Endnoten, Grafiktitel und Textboxen nach einem bestimmten Begriff durchsuchen wollen,

- müssen Sie vor Starten der Suchfunktion die Taste <HOME> drücken.

TAB-LINEAL

WordPerfect erlaubt Ihnen, zwei Dateien auf dem Bildschirm parallel zu bearbeiten. Der Bildschirm wird dabei von einem Tab-Lineal horizontal geteilt. Jedes der beiden Fenster ist ein eigener kleiner Monitor mit Statuszeile (vgl. Bild 110).

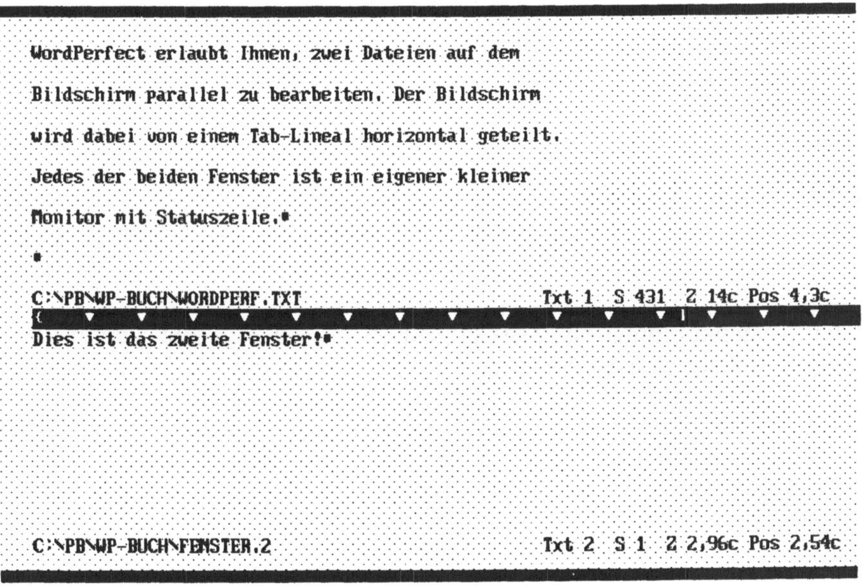

*Bild **110**: Tab-Lineal*

Wenn Sie ein Fenster **öffnen** wollen,

- drücken Sie <CTRL> <F3> und <1> für FENSTER.

- Geben Sie anschließend die gewünschte Zeilenzahl für die Größe des Fensters ein.

- Zweite Möglichkeit: Verschieben Sie das Tab-Lineal mit den Cursor-Tasten und bestätigen Sie die Position mit <ENTER>. Der Bildschirm wird an dieser Stelle geteilt.

Fenster **schließen**:

- <CTRL><F3>,<1> drücken und eine Zahl eingeben, die größer ist als die Zeilenzahl, die auf Ihrem Monitor darstellbar ist (normalerweise > 24).
- Oder: drücken Sie die Taste <↓>, bis das Tab-Lineal nicht mehr zu sehen ist. Bestätigen Sie mit <ENTER>.

TABULATOREN

Mit der Tastenkombination ZEILE <SHIFT><F8>,<1>,<8> holen Sie das Tabulatorlineal auf den Bildschirm.

Die von WordPerfect bereits gesetzten Tabulatoren werden durch "L" angezeigt, wobei bis Position 36 c alle 1,27 c Tab-Stops eingerichtet sind. Sie können das Zeilenlineal durch <→> nach rechts bis auf Position 138,4 verschieben.

Unterhalb des Zeilenlineals befindet sich eine Kurzanleitung, wie Sie beim Setzen und Löschen der Tabulatoren vorgehen können.

Tabulatoren löschen

Bevor Sie Ihre gewünschten Tabulatoren setzen, löschen Sie zuerst am besten diejenigen, die von WordPerfect angeboten werden. Hierzu bietet das Programm zwei Möglichkeiten:

Um **einzelne** der bereits eingerichteten Tabulatoren zu löschen,

- steuern Sie mit dem Cursor <→> oder <←>das entsprechende "L" an
  und löschen es mit der Taste <BACKSPACE>, wenn der Cursor hinter
  dem L blinkt, oder mit der Taste <DEL>, wenn der Cursor genau unter
  dem L steht.

Wenn Sie **alle** Tabulatoren in der gesamten Zeile löschen wollen,

- dann gehen Sie mit dem Cursor an den Zeilenanfang und drücken
  <CTRL><END>.

Das Löschen erfolgt immer von der Position des Cursors ab nach rechts bis
ans Ende der Zeile.

Tabulatoren setzen

Es gibt mehrere Möglichkeiten, wie Sie Tabulatoren setzen können:

- Fahren Sie mit dem Cursor an die betreffende Stelle des Tab-Lineals
  und drücken Sie <L>. Es ist einerlei, ob Sie Klein- oder Großbuchstaben verwenden. WordPerfect trägt den neuen Tabulatorstop richtig
  ein.

- Geben Sie die gewünschte Position (z.B. 2 c) im Zeilenlineal ein, an
  der Sie einen Tab-Stop wünschen, und drücken Sie anschließend
  <ENTER>. Der Tabulator erscheint an der richtigen Position.

Wenn Sie Tabulatoren von einer bestimmten Stelle an in regelmäßigen Abständen einrichten wollen,

- geben Sie die betreffende Position ein, dann einen Punkt und anschließend den Abstand zwischen den einzelnen Tab-Stops (<1.3> beispielsweise - dann erscheint der erste Tabulator bei 1 cm, alle weiteren folgen jeweils im Abstand von 3 cm.)

Die Tabulatoren sind solange wirksam, bis sie erneut geändert werden. Achten Sie bitte beim Setzen der Tab-Stops darauf, an welcher Stelle sich der Cursor befindet, da nur der Text hinter dem Cursor von den gesetzten Tab-Stops bestimmt wird.

- Mit zweimal EXIT <F7> gelangen Sie in den Text zurück.

Bild 111: Tabulator setzen

Im Tabulatormenü sind vier verschiedene **Tabulatorformen** angegeben, zwischen denen Sie wählen können (vgl. Bild 111):

LINKS   Der Text wird ab dem Tab-Stop nach rechts verschoben (übliche Texteingabe).

MITTE   Der Text wird, ähnlich der Funktion ZENTRIEREN, am Tab-Stop zentriert.

RECHTS   Der Text wird nach links verschoben, ähnlich wie bei der Funktion RECHTSBÜNDIG.

DEZIMAL   Wie bei der Funktion AUSRICHTEN wird der Text nach links verschoben, bis das Ausrichtzeichen eingegeben wird.

AUSGEP.   Hierbei wird nach Betätigen der <Tab>-Taste der Zwischenraum bis zum nächsten Tab-Stop mit Punkten aufgefüllt (bei LINKS, RECHTS und DEZIMAL). Dazu setzen Sie den Cursor auf den, zuvor schon definierten, Tab-Stop und geben einen Punkt <.> ein. Der Tab-Stop wird nun in Farbumkehr angezeigt.

Beispiel:

```
Müller, Harald ........ 30.05.1934
```

TEXTANGABEN

Diese Funktion erlaubt Ihnen, ergänzende Angaben zu einer Datei zu machen wie Name der Datei, Erstellungsdatum, Verfasser, Kommentar. Diese Angaben können beim Suchen nach einer bestimmten Datei sehr hilfreich sein.

- Rufen Sie mit FORMAT <SHIFT><F8> das Formatmenü auf

- und geben Sie ein TEXT <3>.

- Wählen Sie dann TEXTANGABEN <5>.

Es erscheint folgendes Bild auf Ihrem Monitor (vgl. Bild 112).

- Sie können nun aus dem Menü verschiedene Optionen auswählen und Ihre Angaben machen.

- Mit EXIT <F7> kehren Sie in Ihren Text zurück.

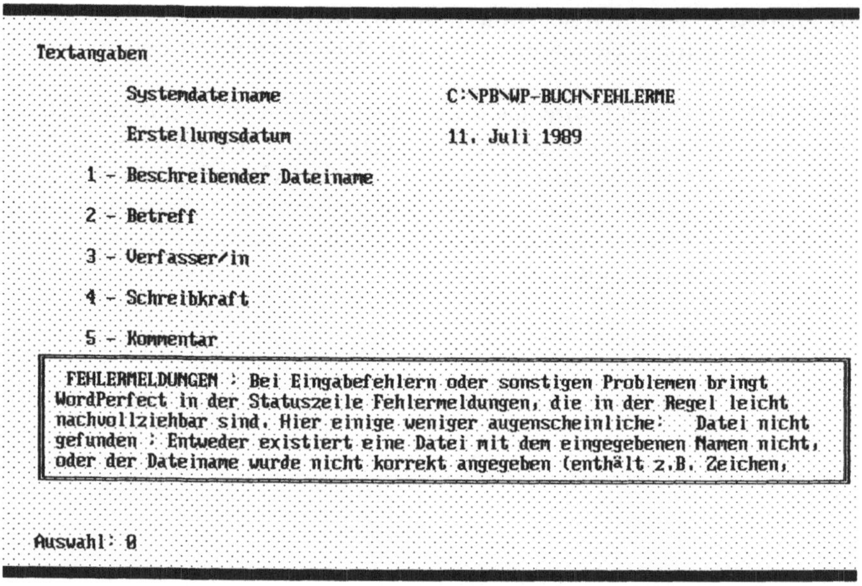

Bild 112: Textangaben

SYSTEMDATEINAME und **ERSTELLUNGSDATUM** werden automatisch eingetragen und können nicht verändert werden. Das Erstellungsdatum bezieht sich auf den Zeitpunkt der Erstfassung Ihres Textes. Wird der Text später verändert und erneut gesichert, ändert sich das Erstellungsdatum nicht.

Unter **BETREFF** wird automatisch die Textzeile eingefügt, die hinter einer bestimmten Zeichenfolge, der Suchzeichenvorgabe, steht. Als Voreinstellung ist dies die Zeichenfolge 'Betr.:'. Wenn Sie also einen Brief schreiben

```
    Betr.: Rechnung vom 21.07.1989
```

wird 'Rechnung vom 21.07.1989' automatisch in den Textangaben unter BE-TREFF eingefügt.

HINWEIS: Die Standardvorgabe für die Suchzeichenvorgabe läßt sich über das **Startmenü** ändern.

- Geben Sie ein STARTMENÜ <SHIFT><F1>, STANDARDVORGABEN <5>, TEXTANGABEN <3>.

- Wählen Sie BETREFF <2>, und geben Sie die Zeichen ein, nach denen WordPerfect suchen soll.

In der Box für den **KOMMENTAR** erscheinen automatisch die ersten 400 Zeichen des Textes. Sie können aber auch Ihren eigenen Kommentar einfügen, insgesamt bis zu 780 Zeichen. Alle anderen Einträge sind auf 40 Zeichen beschränkt.

Im **Startmenü** können Sie voreinstellen, daß WordPerfect bei jeder Sicherung eines Textes die Textangaben auf den Bildschirm holt, damit Sie sie ergänzen können.

- Drücken Sie STARTMENÜ <SHIFT><F1>, dann STANDARDVOR-GABEN <5>, dann wählen Sie TEXTANGABEN <3>.

- Mit <J> schalten Sie die Option ein.

TEXTANMERKUNGEN

Textanmerkungen dienen als Erinnerungshilfen, Notizen oder nähere Erläuterungen zu Ihrem Text. Sie können auf dem Bildschirm angezeigt werden und, sofern sie in Text umgewandelt worden sind, auch ausgedruckt werden.
Wenn Sie Textanmerkungen erstellen möchten, gehen Sie folgendermaßen vor:

- Drücken Sie TEXT EIN/AUS <CTRL><F5> und wählen ANMER-KUNGEN <5>.

- Geben Sie <1> ein für ERSTELLEN und tippen Sie den Text der Anmerkung in die Box, die nun auf dem Bildschirm erschienen ist.

- Mit EXIT <F7> kehren Sie wieder in Ihren Text zurück.

Mit der Option **UMWANDELN** <3> können Sie eine Anmerkung in Text
umwandeln, um sie z.B. ausdrucken zu lassen. Dazu muß der Cursor hinter
der betreffenden Anmerkung stehen, da WordPerfect von der Cursorposition
an rückwärts sucht und dann die erste Anmerkung, auf die es stößt, bearbeitet.

Ebenso läßt sich Text in eine Anmerkung umwandeln.

- Markieren Sie dazu den Text als Block, rufen TEXT EIN/AUS
  <CTRL><F5> auf und geben <J> ein.

Wenn Sie sich Textanmerkungen anzeigen lassen möchten,

- können Sie dies im STARTMENÜ <SHIFT><F1> unter <3> TEXT-
  ANMERKUNGEN ANZEIGEN angeben.

Siehe: Anmerkungen.

TEXT EIN/AUS

Das Menü bietet Ihnen folgende Auswahlmöglichkeiten:

1 DOS-TEXT   Laden bzw. sichern als DOS-Textda-
                                        tei.

2 KENNW.   Sie können Ihren Text durch ein
                                        Kennwort schützen bzw. sperren
                                        (siehe KENNWORT).

3 SICHERN O. CODES   Sichern im Textformat, aber ohne
                                WP-Codes.

4 SICHERN ALS WP 4.2 TEXT   Konvertierung in WordPerfect 4.2-
                                Format.

5 ANMERK.   Sie können Erläuterungen in Ihren
                                Text einfügen (siehe ANMERKUN-
                                GEN).

DOS-Textdatei

Eine DOS-Textdatei enthält außer dem reinen Text Leerzeichen, Tab-Stops
sowie Zeilenschaltungen, aber sonst keine Formatiercodes. Sie können Text,
der im DOS-Format vorliegt (z.B. die AUTOEXEC.BAT-Datei), in WordPerfect wiedergeben.

- Drücken Sie TEXT EIN/AUS <CTRL><F5>,<1>.

- Geben Sie ein: <2> für WR/ZV in [FNZ]

  oder

- <3> für WR/ZV in [NZ] in Randzone.

- Vergeben Sie einen Dateinamen und bestätigen Sie mit <ENTER>.

WR/ZV in [FNZ]
Die Codes für Wagenrücklauf/Zeilenvorschub in der DOS-Datei werden in
Codes für feste Zeilenschaltung umgewandelt. Damit das aktuelle Format des
Textes erhalten bleibt, ist es deshalb ratsam, die Randeinstellung so zu wählen,
daß der Abstand zwischen linkem und rechtem Rand größer ist als bei dem zu
ladenden Text.

WR/ZV in [NZ] in Randzone
Zeilenschaltungen in der Mitte eines Absatzes werden eliminiert. Die Randeinstellung sollte so weit wie möglich der DOS-Textdatei angepaßt sein.

Sie können die aktuelle Datei als DOS-Textdatei **sichern**, indem Sie

- TEXT EIN/AUS <CTRL><F5>,<1> eingeben.

- <1> für SICHERN wählen.

- Vergeben Sie einen Namen für die Datei.

WordPerfect-Steuerzeichen werden in ASCII-Zeichen konvertiert, Funktionen
wie EINRÜCKEN, RECHTSBÜNDIG, usw. werden in Leerzeichen umgewandelt. Fuß- und Endnotentext wird nicht umgewandelt.

Formate anderer Textverarbeitungsprogramme

Mit <3> SICHERN O. CODES können Dateien ohne WordPerfect-Steuerzeichen gesichert und so in andere Textverarbeitungsprogramme geladen werden.
Das Textformat bleibt erhalten.

Mit <4> SICHERN ALS WP 4.2 TEXT läßt sich die aktuelle Datei in Word-
Perfect 4.2 konvertieren.

TEXT KONVERTIEREN

Mit <F5><ENTER> gelangen Sie ins DATEIVERZEICHNIS.

- Drücken Sie <5>, dann wird eine Kopie der angegebenen DOS-Datei für WordPerfect aufbereitet und auf dem Bildschirm ab Cursorposition eingefügt.

Siehe: Text ein/aus.

TEXT LÖSCHEN

Siehe: Löschen.

TEXT MARKIEREN

Mit der Funktion TEXT MARKIEREN <ALT><F5> können Sie Textverweise, Hauptdokumente und verschiedene Verzeichnisse und Listen erstellen sowie Textvergleiche durchführen. Einige Funktionen tauchen nur nach vorheriger Blockdefinition im Menü auf.

1 TEXTVERWEIS   Mit dieser Funktion können Sie Verweise auf Seitenzahlen, Nummern von Fuß-, Endnoten-, Absatz-, Graphikboxnummern erstellen und aktualisieren.

2 TEILDOKUMENT   Hier können Sie in ein Hauptdokument ein Steuerzeichen für ein Teildokument einfügen.

3 INDEX   Mit dieser Funktion markieren Sie Text, der in einen Index aufgenommen werden soll.

4 QUELLE   Hier markieren Sie Text für die Aufnahme in ein Quellenverzeichnis.

   Quelle: Kurzform   markiert die Textstelle, an der eine Quellenangabe gemacht wird.

5 DEFINIEREN   Hier können Sie Verzeichnisse und Listen definieren.

                    INHALTSVERZEICHNIS markiert Text, der in ein Inhaltsverzeichnis aufgenommen werden soll.

                    LISTE markiert Text, der in eine Liste aufgenommen werden soll.

6 ERSTELLEN   Diese Funktion bietet folgende Optionen:

                    1   Korrekturkennung und durchgestrichenen Text löschen

                    2   Bildschirm mit Datei auf Diskette/ Festplatte vergleichen, Korrekturen kennzeichnen

                    3   Hauptdokument erweitern

                    4   Hauptdokument komprimieren

                    5   Verzeichnisse, Indizes, Textverweise erstellen

Siehe: Korrekturkennung, Durchstreichen.

TEXTSPALTE

Siehe: Spaltendefinition.

THESAURUS

Wenn Sie einen Text schreiben, fallen Ihnen vielleicht manchmal nicht die passenden Begriffe ein, oder Sie suchen für ein bestimmtes Wort Synonyme, d.h. Wörter mit gleicher oder ähnlicher Bedeutung, um Wortwiederholungen zu vermeiden. WordPerfect bietet Ihnen dazu mit dem Thesaurus eine einfache Hilfemöglichkeit.

Beispielsweise wollen Sie sich vergewissern, ob Sie den Begriff `passenden` nicht durch einen anderen ersetzen können.

  - Steuern Sie den Cursor auf das Wort und drücken Sie <ALT><F1>.

WordPerfect bringt Ihnen das folgende Bild auf den Monitor (vgl. Bild 113).

Wie Sie sehen, werden zu `passen` entsprechende Verben (v) angezeigt. Bei anderen Begriffen können das auch Substantive (s) oder Adjektive (a) sein. Zusätzlich werden noch die **Antonyme**, d.h. Wörter mit entgegengesetzter Bedeutung, angezeigt. Wörter, die mit einem Punkt ausgezeichnet sind, können wiederum angewählt und auf Synonyme überprüft werden.

Sie können, wenn Ihnen der gewählte Ausdruck nicht treffend erscheint, das Wort durch eines der auf der Wortliste aufgeführten ersetzen.

```
 ·
 Wenn Sie einen Text schreiben, fallen Ihnen vielleicht manchmal
 nicht die passenden Begriffe ein, oder sie suchen für ein
 bestimmtes Wort Synonyme, d.h. Wörter mit gleicher oder ähnlicher

 passen=(v)
    1 A  harmonieren
      B  sich eignen
      C  stimmen
      D  zusammenpassen

    2 E  aufgeben
      F  aufhören
      G  kapitulieren
      H  zurücktreten

    3 I  angenehm sein
      J  behagen
      K  in Frage kommen

 passen-(ant)
    4 L  angreifen
      M  unbequem sein

 1 Wort ersetzen 2 Text anzeigen 3 Wort nachschlagen 4 Spalte löschen: 0
```

Bild 113: Thesaurus

Der THESAURUS bietet Ihnen vier Optionen:

1 WORT ERSETZEN   Geben Sie einfach von dem Wort, das Ihnen treffend erscheint, den Kennbuchstaben ein, und WordPerfect tauscht die Wörter aus.

2 TEXT ANZEIGEN   Der Cursor kehrt wieder in den am oberen Rand des Bildes gezeigten Text zurück. Nun können Sie weitere Wörter ansteuern und THESAURUS durch Drücken der Taste EXIT <F7> wieder aktivieren.

3 W. NACHSCHLAGEN   Diese Option ermöglicht Ihnen eine Wörterbuchfunktion. Sie können Begriffe nachschlagen, die nicht im Text stehen.

4 SPALTE LÖSCHEN   Wenn Sie aus den Wörtern, die THESAURUS in der ersten Spalte anbietet, weitere Synonyme wählen, verschiebt das Programm die Spalten. In der ersten Spalte erscheint immer Ihre letzte Auswahl. Benötigen Sie die Begriffe in einzelnen Spalten nicht mehr, drücken Sie <4>.

- Mit EXIT <F7> kehren Sie wieder in Ihren Text zurück.

TRENNVORSCHLAG EIN/AUS

Mit FORMAT <SHIFT><F8>,<1> und <1> verzweigen Sie ins Trennmenü.

- Mit <1> schalten Sie den Trennvorschlag aus, mit <2> können Sie manuelle Silbentrennung wählen und mit <3> automatische Silbentrennung.

Bei der **manuellen Silbentrennung** wird jedes Wort, das zu trennen ist, mit einem Trennvorschlag angeboten, bei der **automatischen Silbentrennung** nur die Wörter, für die WordPerfect keine grammatikalischen Regeln zur Trennung finden kann.

TRENNVORSCHLAG IGNORIEREN

Sie können den Trennvorschlag mit STORNO <F1> ignorieren.

ÜBERSCHREIBEN

WordPerfect arbeitet standardmäßig im Einfügemodus. Sie können Text jedoch nach Drücken der Taste <INS> überschreiben.

UHRZEIT

Sie können die aktuelle Uhrzeit in Ihre Datumsangabe übernehmen.

- Drücken Sie DATUM <SHIFT><F5> und <3>. Ergänzen Sie die Angaben in der Statuszeile um die Angaben für die Uhrzeit.

Diese Einstellung bleibt so lange bestehen, bis Sie WordPerfect verlassen.

UMSCHALTEN

Die Funktion UMSCHALTEN <SHIFT><F3> bietet einen zweiten Bildschirm zum parallelen Bearbeiten eines zweiten Textes.

- Drücken Sie UMSCHALTEN <SHIFT><F3>.

Txt 2 in der Statuszeile rechts teilt Ihnen mit, daß Sie sich im Bildschirm für Text 2 befinden. Sie können nun wie in Txt 1 Dateien laden und bearbeiten.

- Durch erneutes UMSCHALTEN <SHIFT><F3> gelangen Sie wieder in Ihren ersten Text.

Mit VERSCHIEBEN <CTRL><F4> können Sie Text von einem Bildschirm in den anderen übertragen.

UNTERSTREICHEN

Mit UNTERSTREICHEN <F8> können Sie während des Schreibens oder nachträglich Text unterstreichen.

- Wenn Sie bei der Textaufnahme unterstreichen wollen, drücken Sie <F8> und geben Ihren Text ein. Schalten Sie die Funktion anschließend durch erneutes Drücken von <F8> wieder aus.

- Wenn Sie bereits geschriebenen Text unterstreichen wollen, markieren Sie die entsprechende Passage mit der Blockfunktion <ALT><F4> und geben dann <F8> ein.

Sie haben die Möglichkeit, zwischen verschiedenen **Unterstreichungsarten** auszuwählen:

- Rufen Sie mit <CTRL><F8> FONT auf und wählen Sie <2> GESTAL-TUNG.

- Mit <2> wählen Sie einfaches Unterstreichen, mit <3> doppeltes Unter-streichen.

Um das Unterstreichen **abzuschalten**,

- setzen Sie den Cursor mit PFEIL RECHTS <→> hinter das Steuerzeichen für das Ausschalten der Funktion,

- oder Sie drücken FONT <CTRL><F8> und setzen mit <3> alle Attribute auf Normaleinstellung.

Die Funktion UNTERSTREICHEN ist standardmäßig so eingestellt, daß Leerzeichen, jedoch keine Tab-Sprünge unterstrichen werden. Um diese **Vorgabe zu ändern**,

- drücken Sie FORMAT <SHIFT><F8> und wählen ANDERE <4>, dann <7> für UNTERSTREICHEN.

- Machen Sie die gewünschten Angaben und kehren Sie dann mit EXIT <F7> in Ihren Text zurück.

UNTERSTREICHUNGSART

WordPerfect bietet Ihnen verschiedene Möglichkeiten, Textpassagen zu unterstreichen. Sie können wählen,

- ob Sie einfach oder doppelt unterstreichen möchten (<CTRL><F8>,<2>,<2> oder <3>),

- ob Leerzeichen unterstrichen werden sollen (<SHIFT><F8>,<4>,<7>,<J> oder <N>),

- ob Tab-Sprünge unterstrichen werden sollen (<SHIFT><F8>,<4>,<7>,< >,<J> oder <N>).

VERSCHIEBEN

Mit der Tastenkombination VERSCHIEBEN <CTRL><F4> können Sie Textpassagen wie Satz, Absatz, Seite, Spalte, Block verschieben, kopieren oder
löschen.

Einen Satz, Absatz oder eine Seite bearbeiten Sie folgendermaßen:

- Bringen Sie den Cursor zu dem betreffenden Satz, Absatz oder der
  Seite.

- Drücken Sie <CTRL><F4>.

- Wählen Sie <1> SATZ, <2> ABSATZ oder <3> SEITE aus - je nachdem, was Sie verschieben möchten. Der markierte Textteil wird durch
  Farbumkehrung gekennzeichnet.

- Mit <1> verschieben Sie, mit <2> kopieren Sie anschließend.

- Bringen Sie den Cursor an die Stelle, wohin verschoben oder kopiert
  werden soll.

- Rufen Sie den Text mit <ENTER> ab.

- Der Text läßt sich weitere Male abrufen, indem Sie VERSCHIEBEN
  <CTRL><F4> aufrufen und zunächst <4> ABRUFEN und dann <1>
  BLOCK wählen,

  oder indem Sie LADEN <SHIFT><F10> aufrufen und dann <ENTER>
  drücken.

Einen als **Block** markierten Text verschieben Sie, indem Sie

- den betreffenden Textteil mit <ALT><F4> als Block definieren,

- dann <CTRL><F4> drücken und <1> für BLOCK.

Die folgenden Schritte sind die gleichen wie oben.

Wenn der Block, den Sie verschieben möchten, nicht den gesamten Raum zwischen linkem und rechtem Seitenrand einnimmt, verwenden Sie die Funktion <3> **RECHTECK** verschieben/kopieren. Dabei wird lediglich das durch die obere linke und die untere rechte Ecke definierte Rechteck verschoben. Lassen Sie sich nicht dadurch irritieren, daß in der Farbumkehrung ganze Zeilen hervorgehoben sind.

- Bewegen Sie den Cursor auf die linke obere Ecke des Rechtecks.

- Drücken Sie BLOCK <ALT><F4> und bewegen Sie den Cursor auf die rechte untere Ecke des Rechtecks.

- Geben Sie VERSCHIEBEN <CTRL><F4> ein und <3> für RECH-TECK.

Die folgenden Schritte wie oben.

Mit der Funktion <2> **TABSPALTE** können Sie Spalten verschieben, die durch Tabs, Ausrichten, Einrücken oder Zeilenschaltungen entstanden sind, jedoch keine Parallel- oder Zeitungstextspalten.

- Markieren Sie die zu verschiebende Spalte als Block. Dabei kann der Cursor an einer beliebigen Stelle der ersten und letzten Spaltenzeile stehen. Es werden zwar ganze Zeilen durch Farbumkehrung hervorgehoben, doch sobald Sie SPALTE wählen, wird nur noch die Spalte selbst markiert.

- Drücken Sie VERSCHIEBEN <CTRL><F4> und wählen Sie <2> TABSPALTE.

Die folgenden Schritte wie oben.

VERZEICHNIS ANLEGEN

Disketten oder die Festplatte können, um eine bessere Übersicht zu behalten, in einzelne Bereiche oder Verzeichnisse aufgeteilt werden.

Um ein neues Verzeichnis anzulegen, gibt es zwei Möglichkeiten:

1. - Drücken Sie <F5> und geben Sie ein <=> ein.

   - Vergeben Sie einen Namen für das neue Verzeichnis.

   - Bestätigen Sie mit <J>.

2. - Drücken Sie <F5> und wählen Sie Option <7> VERZEICHNIS WECHSELN.

   - Geben Sie den Namen des neuen Verzeichnisses an.

   - Bestätigen Sie mit <J>.

VERZEICHNIS LÖSCHEN

Sie löschen ein Verzeichnis aus Ihrem Inhaltsverzeichnis,

- indem Sie den Cursor im Dateiverzeichnis <F5> auf den entsprechenden Verzeichnisnamen bringen und LÖSCHEN <2> drücken.

- Bestätigen Sie mit <J>.

HINWEIS: WordPerfect löscht nur leere Bereiche! Das bedeutet, daß die Dateien, die in dem Verzeichnis enthalten sind, vorher gelöscht sein müssen.

VERZEICHNIS WECHSELN

Sie können das Standardverzeichnis wechseln,

- indem Sie nach Drücken von <F5> ein Gleichheitszeichen <=> eingeben

oder

- Option <7> VERZEICHNIS WECHSELN wählen.

WIEDERHOLWERT

Siehe: Escape.

WORTABSTAND UND ZEICHENABSTAND

Diese Funktion gibt Ihnen die Möglichkeit, den Abstand zwischen Buchstaben und Wörtern zu verändern.

- Drücken Sie FORMAT <SHIFT><F8>, dann ANDERE <4>.

- Rufen Sie das Druckerfunktionsmenü mit <6> auf und wählen WORTABSTAND/ZEICHENABSTAND <3>.

Sie können nun zwischen folgenden Vorgaben wählen:

1 NORMAL   Bei einigen Druckern besteht zwischen NORMAL und OPTIMAL kein Unterschied.

2 OPTIMAL   Dies ist die Standardvorgabe.

3 % VON OPTIMAL   Wenn Sie Zahlen unter 100 % eingeben, verringert sich der Abstand, bei Zahlen über 100 % vergrößert er sich. Die Eingabe wird interpretiert als 'mal % von Optimal'. 100 % entsprechen der Option NOR-MAL.

4 PITCH   Mit dieser Funktion geben Sie an, wieviel Zeichen pro Zoll gedruckt werden sollen.

WÖRTERBUCH

Siehe: Lexikon.

WORT LÖSCHEN

Ein Wort löschen Sie durch die Tastenkombination <CTRL><BACKSPACE>.

WORTZÄHLER

- Rufen Sie das LEXIKON <CTRL><F2> auf und wählen Sie dann mit <6> ZAHL.

Gezählt werden alle Wörter der aktuellen Textdatei.

ZEICHENKOMBINATION

Mitunter ist es nötig, zur Erzeugung von chemischen Symbolen, fremdsprachlichen oder anderen Zeichen, die nicht direkt über die Tastatur eingegeben werden können, zwei oder mehr Zeichen übereinander zu schreiben.

- Bringen Sie den Cursor an die Stelle, wo die Zeichenkombination erstellt werden soll.

- Drücken Sie FORMAT <SHIFT><F8> und <4> ANDERE.

- Wählen Sie ZEICHENKOMBINATION <5> und <1> für ERSTELLEN.

- Geben Sie die gewünschten Zeichen ein.

- Mit EXIT <F7> kehren Sie wieder in den Text zurück.

Auf dem Bildschirm ist nur das letzte eingegebene Zeichen zu sehen, ausgedruckt werden jedoch sämtliche Zeichen.

ZEICHEN LÖSCHEN LINKS

Taste <BACKSPACE>.

ZEICHEN LÖSCHEN RECHTS

Taste <DEL>.

ZEICHENPOSITION SEITENNUMMER

Sie können die Standardposition der Seitennummer ändern,

- indem Sie FORMAT <SHIFT><F8>,<2> drücken und

- mit <7> in das entsprechende Auswahlmenü verzweigen.

ZEILE HOCH/TIEF

Siehe: Hoch/Tief.

ZEILE LÖSCHEN

Die Tastenkombination <CTRL><END> löscht die Zeile ab Cursorstellung bis zum Zeilenende.

ZEILENABSTAND

Sie haben die Möglichkeit, den Abstand der einzelnen Zeilen voneinander zu verändern.

- Rufen Sie FORMAT <SHIFT><F8> auf und ZEILE <1>.

- Wählen Sie ZEILENABSTAND <6> und geben einen Wert ein. Die eingegebene Zahl wird mit der Zeilenhöhe multipliziert und daraus ergibt sich dann der neue Zeilenabstand.

ZEILENFORMAT

Im ZEILENFORMAT <SHIFT><F8>,<1> können Sie Tabulatoren, Ränder, Zeilenabstand, Trennvorschlag und Ausrichtzeichen ändern.

- Drücken Sie <SHIFT><F8>,<1> und anschließend die Nummer der Spezifikation, die Sie ändern wollen.

- Mit EXIT <F7> kommen Sie in Ihren Text zurück.

ZEILENHÖHE

Die Zeilenhöhe wird gemessen von der Grundlinie einer Zeile bis zur Grundlinie der nächsten Zeile. Sie orientiert sich standardmäßig an dem verwendeten Font. Sie haben jedoch auch die Möglichkeit, eine eigene Zeilenhöhe vorzugeben.

- Rufen Sie FORMAT <SHIFT><F8> auf und geben <1> für ZEILE ein.

- Wählen Sie ZEILENHÖHE <4>, geben Sie FEST <2> ein und machen die gewünschte Angabe.

ZEILENZAHL

Mit der Funktion ZEILENZAHL <SHIFT><F8>,<1>,<5> können Sie die Zeilen Ihres gedruckten Textes durchnumerieren lassen, entweder fortlaufend durch den Text oder an jeder beliebigen Position neu beginnend. Zeilenzahlen werden nicht am Bildschirm angezeigt.

- Bringen Sie den Cursor an die Stelle, an der die Zeilennumerierung einsetzen soll.

- Drücken Sie FORMAT <SHIFT><F8>,<1>, wählen <5> ZEILENZAHL und geben <J> ein.

- Wählen Sie eine Option aus dem Untermenü aus, geben die erforderlichen Angaben ein und kehren mit EXIT <F7> zum Text zurück.

Zeilenzahlen werden im aktuellen Font gedruckt.

Folgende **Numerieroptionen** stehen Ihnen zur Verfügung:

LEERZEILEN ZÄHLEN
Wenn Leerzeilen mitgezählt werden sollen, geben Sie <J> ein.

JEDE X-TE ZEILE NUMERIEREN
Bei Eingabe von <1> erscheint die Zeilenzahl vor jeder Zeile, bei <2> vor jeder 2. Zeile, usw.

ABSTAND DER ZAHL VOM LINKEN RAND
Bei dieser Option können Sie durch Eingabe einer Maßzahl festlegen, in welchem Abstand vom linken Rand die Zeilenzahl gedruckt werden soll.

AUSGANGSZAHL
Hier können Sie bestimmen, mit welcher Zahl die Zeilennumerierung beginnen soll.

NEUNUMERIERUNG AUF JEDER SEITE
Mit <J> geben Sie an, daß die Zeilennumnerierung auf jeder Seite neu einsetzen soll. Bei Eingabe von <N> erfolgt die Zeilennumerierung fortlaufend durch den ganzen Text.

ZENTRIEREN

Wenn sie Ihren Text zwischen dem aktuellen linken und rechten Rand zentrieren wollen,

- steuern Sie den Cursor an den linken Rand und drücken ZENTRIEREN <SHIFT><F6>.

- Schreiben Sie den Text.

- Schalten Sie die Zentrierfunktion mit <SHIFT><F6> wieder aus.

Geht dem Cursor ein Tab- oder Ausrichtcode oder mehr als ein Leerzeichen voraus, wird der Text an der Cursorposition zentriert. Möchten Sie z.B. eine Überschrift über einer Spalte zentrieren, die mit Tabulatoren erstellt wurde, steuern Sie den Cursor zur Spaltenmitte und schalten dann ZENTRIEREN <SHIFT><F6> ein.

Um einen **Textblock** zu zentrieren,

- markieren Sie den Text mit der Blockfunktion <ALT><F4> und Cursor. Der Text ist jetzt hell unterlegt.

- Drücken Sie ZENTRIEREN <SHIFT><F6> und beantworten Sie die Frage *Block zentrieren? (J/N)* mit <J>.

ZENTRIEREN ZWISCHEN OBEREM UND UNTEREM BLATTRAND

Bei Titelseiten macht es sich gut, wenn die Überschrift zwischen oberem und unterem Blattrand zentriert ist. Nichts einfacher als das:

- Bringen Sie den Cursor an den Seitenanfang, vor alle Codes, indem Sie <HOME>,<HOME>,<HOME>,<↑> drücken.

- Drücken Sie SEITENFORMAT <ALT><F8>,<2>.

- Wählen Sie <1> für ZENTRIEREN ZWISCHEN OBEREM UND UNTEREM BLATTRAND.

- Mit EXIT <F7> kehren Sie in den Text zurück.

Sachwortverzeichnis